Für die zwei allerliebsten,
Mamme Kathi und Oma Frieda

ATHESIA VERLAG

WALLYS KUCHENPARADIES

Süßes für das ganze Jahr

Waltraud Tschurtschenthaler

REZEPTÜBERSICHT

OMAS KAFFEEKRÄNZCHEN

KINDER-GEBURTSTAG

FASCHINGSPARTY

DAS SCHÖNSTE AM GANZEN TAG, DAS SIND DIE PAUSEN

FRÜHLINGSFEELING - OSTERZEIT

Mit vielen Variationen
glutenfrei
vegan
laktosefrei

SÜSSES FÜR DAS GANZE JAHR

Was wäre eine Feier, ein großes Familienfest oder ein gemeinsames Essen mit Freunden ohne die süße Krönung? In diesem Backbuch finden Sie Gebäck und Süßes für jede Gelegenheit. Ich bin meiner Art, Kuchen zu backen, treu geblieben und habe meine neuen Kuchenkreationen den verschiedenen Anlässen eines Jahres zugeteilt. Die Rezepte sind nicht nur einfach und relativ schnell sowie mit erschwinglichen Zutaten nachzumachen, sondern vor allem, und das ist das Wichtigste, eine Freude für jeden Gaumen. Sie finden auch glutenfreie Rezepte sowie wertvolle Tipps für verschiedene Varianten, wie veganes, laktose- oder zuckerfreies Gebäck und Torten.
Nach den großen Erfolgen meiner zwei Backbuchvorgänger *Back dich glücklich* (Fotos Sara Italiano) und *Wallys Kuchenzauber* (Fotos Klaus Peterlin und Maria), beide im Athesia Verlag erschienen, konnte ich meinen Backfans diese neuen, tollen Rezepte nicht vorenthalten.
Die süßen Werke wurden wieder mit viel Liebe fotografisch in Szene gesetzt. Das Cover von Gerd Eder und die Bilder der Rezepte von Valentina Solfrini, Foodfotografin, Bloggerin, Schöngeist und tolle Künstlerin. Die Fotoshootings mit Valentina waren nach dem Motto „Der Weg ist das Ziel" äußerst angenehm und spannend. Das wunderbare Layout dieses Buches, in dem meine Rezepte und Valentinas Fotos ideal kombiniert wurden, ist das Werk von nh visual comunications, sprich unserer lieben Tochter Nadia. Unsere Tochter Sandra, meine Freundin Margerita und Frau Milena Macaluso haben mich bei der Übersetzung in die italienische Sprache unterstützt. Mein lieber Gatte Norbert war wieder großer Ansporn, dieses dritte Backbuch zu schreiben. Er war auch ständiger Begleiter bei den unzähligen Buchvorstellungen der ersten beiden Bücher in den Bibliotheken Südtirols und dafür bedanke ich mich hiermit.
Das Erscheinen meiner Bücher hat das Pyramidencafé deutlich lebendiger gemacht. Ich freue mich über die vielen Gäste, die mir von ihren Backerlebnissen mit meinen Büchern berichten, sich neue Tipps holen oder mich mit Aussagen erfreuen wie „Wally, Ihr Buch wird gelebt!" oder „Meine Nichte ist zwölf und bäckt Wallys Kuchen". In den letzten Jahren habe ich so viel Zuspruch erhalten, der die große Mühe, die hinter diesen Lebensprojekten steckt, vergessen lässt.
Neben meiner Familie braucht es auch gute Freunde. Und so möchte ich mich bei meiner Freundin Waltraud bedanken, die mir immer wieder mal schnell Wichtiges aus der Stadt mitbringt und mich mit Kräutern, Blumen und Medikamenten nach Bedarf versorgt. Legendär sind auch meine seltenen Ausreißer mit ihr zum Shoppen, die sich oft zu unvergesslichen Erlebnissen entwickeln. Waltraud behauptet: „Mit dir gibt's immer was zu lachen". Dazu kann ich nur sagen: „Zum Weinen reicht es nicht ...".
Außerdem bedanke ich mich bei meiner lieben Maria. Sie ist das Faktotum des Pyramidencafés, schmückt uns immer das Lokal, gehört quasi auch zu dessen Dekoration und bringt mich mit ihrer stoischen Art zwischendurch wieder in den „Om-Modus". Frau Professor Doris hat mich wieder bezüglich der deutschen Grammatik auf den letzten Stand gebracht, herzlichen Dank dafür. Unsere fleißigen Mitarbeiterinnen Dani, Franzi, Erika und Sandra haben sich „ungern" bereit erklärt, die Kuchen auf Buchtauglichkeit zu testen. Danke an den Athesia Verlag mit Ingrid, Isabel, Bernhard und dem gesamten Team, ihr habt mir großes Vertrauen entgegengebracht.
Und nicht zuletzt möchte ich mich bei unseren vielen Gästen bedanken, die uns täglich besuchen und uns durch ihre Komplimente den Tag versüßen. Nun lade ich Sie ein, in meine Kuchenwelt einzutauchen und wünsche gutes Gelingen und eine schöne Zeit.

Ihre Wally

Wichtige Tipps zum Backerfolg

Backen ist Chemie, weshalb es genaues Arbeiten nach Rezept bedarf. Außerdem trägt gute Laune wesentlich zum Erfolgserlebnis bei. Lesen Sie die Rezepte genau durch und kontrollieren Sie, ob Sie alle Zutaten im Haus haben. Halten Sie sich genau an die Gewichtsangaben, denn schon kleine Abweichungen können das Backwerk verderben.
Möchten Sie Stress am Feiertag vermeiden, so rate ich Ihnen, backen Sie die Böden bereits am Vortag oder auch früher. Die Kuchen lassen sich gut einfrieren. Cremetorten ohne Früchtegarnitur in das Gefrierfach stellen und nach einem Tag, sobald das Backwerk gefroren ist, reichlich verpacken, um das Gefriertrocknen zu vermeiden. Sechs Stunden vor Gebrauch aus dem Kühlfach nehmen und die aufgetaute Torte mit Früchten garnieren.

Backformen

Ich verwende meistens Springformen von 24/26 cm Durchmesser (Ø), lege ein Backpapier auf den Boden, gebe den Ring darüber und verschließe ihn. Der Rand der Springform sollte nicht eingefettet werden. Nach dem Backen ist es wichtig, den Kuchenrand sofort mit einem Messer vom Springformrand zu lösen und den Ring zu entfernen, damit der Kuchen gleichmäßig sitzen kann.

Sie können auch andere Backformen verwenden. Sind diese aus Blech, müssen sie eingefettet werden. Silikonbackformen sind praktisch, eignen sich aber vorwiegend für Massen mit Fettzusatz.

Mit der Hälfte der in diesem Buch angegebenen Zutatenmengen können Sie kleine Torten von 16 cm Ø backen. Für Blechkuchen verwenden Sie die 1 ½-fache Menge.

Backtemperatur

Die Temperaturangaben bei den Rezepten sind für Ober- und Unterhitze vorgesehen. Sollten Sie mit Umluft backen, reduzieren Sie die Temperatur um 30 Grad. Die angegebenen Temperaturen sind Orientierungshilfen, denn die Gradangaben an den verschiedenen Backöfen sind nicht immer präzise. Sollten Sie beim Backen mit niedrigeren oder höheren Temperaturen besser klarkommen, so rate ich Ihnen, diese beizubehalten. Wichtig: Backofen immer vorheizen!

Backzeit

Mit dieser verhält es sich wie mit der Temperatur, deshalb habe ich bei der Backzeit immer den Zusatz „etwa“ vermerkt. Vor dem Herausnehmen des Kuchens immer eine Sicht- oder Stäbchenprobe machen. Dazu einen Zahnstocher in den Kuchen stecken: Bleibt Teig am Zahnstocher kleben, ist der Kuchen noch nicht durchgebacken.

Kühlzeit

Die im Buch angegebenen Kühlzeiten bitte einhalten oder auch verlängern. Beachten Sie unbedingt, dass Ihre Torten im Kühlschrank keine anderen Gerüche, wie z. B. von Sauerkraut, Zwiebel usw. annehmen. Bedecken Sie den Kuchen im Kühlschrank mit einer Glocke.

Biskuitböden

Eier mit Zucker (Menge je nach Rezept) 8 Minuten hellgelb schaumig schlagen. Dann die trockenen Zutaten mischen und vorsichtig locker unterheben. Sofort im vorgeheizten Backofen backen. Hier kommt es wirklich darauf an, diese 8 Minuten einzuhalten, denn Eier und Zucker müssen sich zu einer schönen, schaumigen Masse vereinen.

Mürbteigböden

Alle Zutaten (siehe Rezepte) sollten Zimmertemperatur haben. Diese in eine Rührschüssel geben, mit dem Knethacken zügig zusammenmischen und auf bemehlter Fläche noch kurz mit den Händen zu einem Teigballen kneten. Mit dem Nudelholz ausrollen und in die mit Backpapier ausgekleidete Springform geben. Den Rand mit bemehlten Fingern hochdrücken und den Teig bis zur weiteren Bearbeitung kühlen. Achtung: Den Mürbteig nicht zu lange mit den warmen Händen bearbeiten, denn sonst zersetzt sich die Butter und der Teig wird brandig (bröselig). Sollte dies passieren, geben Sie den Teig für einige Stunden in den Kühlschrank und versuchen Sie es nochmals.

Rührteige

Butter schmelzen, Eiweiß leicht anschlagen, Zucker (Menge jeweils nach Rezept) einrieseln lassen und etwa 8 Minuten weiterschlagen, bis der Eischnee steif und glänzend ist. Dann die trockenen Zutaten mischen und abwechselnd mit der Butter und den Eigelben zum Eischnee geben.

Sahnecremen

Sahne mit Zucker (Menge je nach Rezept) steif schlagen, dann das jeweilige Fruchtmark und die Cremen dazugeben und weiterschlagen. Torte mit fertiger Sahnecreme füllen und gut kühlen.

Mehl

Das Weizenmehl, das in den Rezepten immer nur als Mehl angegeben ist, können Sie durch Vollkornmehl, Kamutmehl, Dinkelmehl oder andere Sorten ersetzen. Bei Mürbteigen mit Vollkornmehl empfehle ich die Zugabe von 2 weiteren EL Flüssigkeit.

Gelatine

Es gibt mehrere Formen von Gelatine.

Pulvergelatine ist meistens nicht tierischer Herkunft und wird als Überzug für Obsttorten verwendet: Gelatine nach Angaben auf der Packung zubereiten und die Früchte mit einem Backpinsel damit abglänzen.

Blattgelatine ist in der Regel tierischer Herkunft: Die Blätter für einige Minuten in kaltem Wasser einweichen. Eine passende Flüssigkeit erwärmen, Gelatineblätter gut ausdrücken und in der heißen Flüssigkeit sehr gut auflösen. Das Ganze etwas abkühlen lassen oder 2 EL Sahne dazurühren und dann zügig in die Sahnecreme einarbeiten. Die Torte muss gut gekühlt werden, damit die Creme mit der Gelatine ausreichend steif wird.

Als Gelatineersatz können Sie Agar-Agar, ein rein pflanzliches Geliermittel, das aus Rotalgen gewonnen wird, verwenden. Agar-Agar muss jedoch mit einer Flüssigkeit aufgekocht werden. Als Dosierung gilt: 1/4 gestrichener TL auf 200 ml Flüssigkeit.

Glutenfreies Backen

Sie können die meisten Rezepte dieses Buches auch glutenfrei backen.

Ersetzen Sie das Mehl zu zwei Teilen durch Reismehl (auch Mandelmehl, Sonnenblumenkernmehl, Kichererbsenmehl) und einen Teil Kartoffel- oder Maisstärke. Kontrollieren Sie beim Einkauf dieser Ersatzprodukte die Bezeichnung „glutenfrei" auf der Verpackung.

Vorsicht: Das Backwerk darf auch nicht mit Gluten kontaminiert werden, also achten Sie auf sauberes Werkzeug.

Laktosefreies Backen

Ersetzen Sie die Butter durch eine hochwertige pflanzliche Margarine, Kokosfett oder bei Rührteigen durch Öl. Anstatt der Milch können Sie Mandelmilch, Hafermilch oder Wasser verwenden.

Zuckerersatz oder zuckerfreies Backen

Grundsätzlich ist es bei meinen Rezepten möglich, den Zuckeranteil um 10 bis 20 g zu reduzieren.

Mittlerweile gibt es viele Produkte am Markt, die den normalen Industriezucker mehr oder weniger gut ersetzen. Kokosblütenzucker funktioniert z. B. gut, das Backwerk wird geschmacklich gleichwertig wie mit normalem Industriezucker. Einziger Unterschied ist, dass der Kuchen etwas dunkler wird.

Bei der Verwendung von Birkenzucker (Xylith) verändert sich der Geschmack. Außerdem ist er nicht für jeden verträglich (besondere Vorsicht mit diesem Produkt sei bei Haustieren geboten, diese vertragen absolut keinen Birkenzucker).

Stevia ist viel süßer als gewöhnlicher Zucker, also muss die Menge laut Herstellerangabe reduziert werden. Dies verändert auch das Teigvolumen. Auch hier haben wir leider einen Beigeschmack nach Saccharose.

Geschmacklich halte ich getrocknete, entsteinte, ungeschwefelte Datteln für einen idealen Zuckerersatz. Diese müssen in einer Küchenmaschine gemeinsam mit dem Mehl oder den Nüssen sehr fein gerieben werden. 10 Datteln entsprechen 100 g Zucker. Bei Mürbteigen oder Keksen erkennt man den Unterschied kaum. Sollten Sie Biskuitteige oder Rührteige zuckerfrei, also mit geriebenen Datteln, zubereiten, so achten Sie darauf, die Eier zu trennen, das Eiweiß sehr steif zu schlagen, und dann alle anderen Zutaten vorsichtig unterzuheben. Verdoppeln Sie dabei die Menge an Backpulver.

Fruchtzucker wird aus dem normalen Haushaltszucker abgespalten, ist für unseren Körper leichter verträglich und vor allem für Diabetiker geeigneter. Auch hier die angegebene Menge an Zucker um etwa 30 g reduzieren, denn Fruchtzucker süßt intensiver.

Veganes Backen

Einige Rezepte dieses Buches können Sie auch vegan zubereiten, hier einige Tipps dazu.
Bei Mürbteigen 1 Ei durch ½ geriebenen Apfel ersetzen, die Milch durch Wasser und die Butter durch vegane Margarine oder Kokosfett. Honig ersetzen Sie durch Agavendicksaft. Sie erhalten außerdem schlagbare vegane Sahne, veganen Quark, Mandelmilch, Hafermilch und weitere vegane Ersatzprodukte im Reformhaus.

Für vegane Biskuitböden empfehle ich folgendes Rezept, das Sie für Cremetorten verwenden können:
Springform: 24 cm Ø
Backtemperatur: 180 Grad
Backzeit: etwa 30 Minuten

200 g Mehl
25 g Stärkemehl
150 g Zucker
1 Pkg. Backpulver
1 EL Vanillezucker
250 ml Mineralwasser
50 ml Sonnenblumenöl

Zubereitung: Mehl, Stärkemehl, Zucker, Backpulver und Vanillezucker in eine Rührschüssel geben und vermischen, Mineralwasser und Öl dazugeben und zu einem cremigen Teig verrühren. Springform mit Backpapier auslegen, Teig einfüllen, glatt streichen und im vorgeheizten Backofen backen. Nach dem Backen den Biskuitboden sofort mit einem Messer vom Springformrand lösen und auskühlen lassen.
Den Boden nach Belieben mit Konfitüre (vegan) bestreichen, mit Früchten belegen oder mit veganer Sahnecreme füllen.

Eine Zutat können Sie auch verdreifachen: die Freude und Liebe am Kuchenbacken.
Ich wünsche Ihnen und Ihren Gästen einen guten Appetit mit meinen Kreationen.

Kürzel

TL = Teelöffel
EL = Esslöffel
ml = Milliliter
g = Gramm
Msp. = Messerspitze
Pkg. = Packung

Mohn-Kirsch-Traum | S. 22
Orangen-Schoko-Herz | S. 28
Omas Schokotorte | S. 26

Omas Kaffekränzchen

Haselnusscremetorte | S. 18

Ein Weltmeister namens Oma

Welch Glück für mich und meine beiden Töchter:
Unsere Oma wohnte direkt neben uns im selben Haus. Somit war sie der tollste Babysitter, der unseren Mädchen mit einer Engelsgeduld jeden Wunsch von den Augen ablas. Sandra prüfte regelmäßig, was es bei Omi zu essen gab. Je nach Gerichten aß sie dann bei mir oder bei Oma. Eines Tages kam sie zu mir in die Küche mit folgender Mitteilung: „Mami, schlechte Nachrichten für dich: In puncto Omelett und Krapfen ist die Oma Weltmeister".

HASELNUSSCREMETORTE

FÜR DEN BISKUITBODEN

4 Eier

150 g Zucker

50 g Reismehl

50 g Kartoffelstärke

50 g Haselnüsse, fein gerieben

1 EL Vanillezucker

1 TL Backpulver

FÜR DIE CREME

80 g Haselnüsse, fein gerieben

350 ml Sahne

100 g Zucker

1 TL Zimt

1 EL Vanillezucker

etwa 2 EL Rum

WEITERES

etwa 18 ganze Haselnüsse

Springform: 24/26 cm Ø · Backtemperatur: 180 Grad
Backzeit: etwa 30 Minuten · Kühlzeit: etwa 2 Stunden

Eier und Zucker mit der Küchenmaschine oder den Quirlen des Handmixers etwa 8 Minuten schlagen, bis die Masse hellgelb und cremig ist.
Reismehl, Kartoffelstärke, Haselnüsse, Vanillezucker und Backpulver vermischen und vorsichtig auf niedriger Stufe in die Eier-Zucker-Masse einarbeiten.
Springform mit Backpapier auslegen, Teig einfüllen, glatt streichen und im vorgeheizten Backofen backen.
Nach dem Backen den Biskuitboden sofort mit einem Messer vom Springformring lösen und auskühlen lassen.

Den Nussboden auf eine Kuchenplatte schieben, dabei das Backpapier vorsichtig entfernen.
Eine sehr dünne Schicht des Bodens abschneiden, zerbröseln und beiseitestellen.
Haselnüsse in einer flachen Pfanne ohne Fett unter ständigem Rühren rösten und abkühlen lassen.
Sahne mit Zucker steif schlagen, Nüsse, Zimt und Vanillezucker unterrühren.
Den Boden mit Rum beträufeln, Creme darauf verteilen und glatt streichen. Die Streusel in der Mitte kreisförmig im Ø von etwa 15 cm verteilen und den Rand mit Haselnüssen garnieren.

VEGAN | Veganer Biskuitboden Seite 12. Ersetzen Sie dabei 50 g Mehl durch 50 g geriebene Haselnüsse. Verwenden Sie gut gekühlte vegane Schlagsahne.

WENIG ZUCKER | Sie können den Haushaltszucker um 10 g reduzieren oder durch Kokosblütenzucker ersetzen. Andere gute Zuckeralternativen sind Agavendicksaft oder flüssiger, lauwarmer Honig.

MEIN TIPP

Sollten Sie diesen Leckerbissen für Kinder backen, so verwenden Sie keinen Rum.

MOHN-KIRSCH-TRAUM

FÜR DEN BODEN

3 Eiweiß

125 g Zucker

150 g Mehl

1 TL Backpulver

50 g Kakaopulver

1 EL Vanillezucker

3 Eigelb

150 g Butter, geschmolzen

FÜR BELAG UND CREME

1 Glas Sauerkirschen und etwa 250 ml Saft

2 EL Zucker

1 EL Kartoffelstärke

80 g Mohn, nicht gerieben

3 Blatt Gelatine

250 ml Milch

60 g Zucker

1 EL Vanillezucker

250 ml Sahne

WEITERES

Kirschen

Springform: 24/26 cm Ø · Backtemperatur: 180 Grad
Backzeit: etwa 30 Minuten · Kühlzeit: etwa 2 Stunden

Eiweiß mit der Küchenmaschine oder den Quirlen des Handmixers bei mittlerer Stufe leicht schaumig schlagen. Zucker einrieseln lassen und so lange weiterschlagen, bis der Eischnee steif und glänzend ist.
Mehl, Backpulver, Kakaopulver und Vanillezucker vermischen und mit Eigelb und Butter unter den Eischnee heben.
Springform mit Backpapier auslegen, Teig einfüllen, glatt streichen und im vorgeheizten Backofen backen.
Gleich nach dem Backen mit einem Messer von der Form lösen und auskühlen lassen. Den Tortenboden auf einen Teller stürzen.

Kirschen, Saft, Zucker und Kartoffelstärke mit dem Schneebesen verrühren und unter ständigem Rühren aufkochen lassen. Abkühlen, auf den Tortenboden geben und glatt streichen.

Mohn in einer flachen Pfanne unter ständigem Rühren auf kleiner Flamme rösten.
Gelatine in reichlich kaltem Wasser einweichen. Milch mit Zucker und Vanillezucker erwärmen, Gelatineblätter gut ausdrücken und in der warmen Milch auflösen, Mohn dazugeben und abkühlen lassen.
Sahne steif schlagen, das Mohn-Milch-Gemisch unterrühren und auf dem Tortenboden gleichmäßig verteilen (evtl. Tortenring verwenden).
Die Torte gut kühlen und mit Kirschen dekorieren.

VEGAN & LAKTOSEFREI | Veganer Biskuitboden Seite 12. Ersetzen Sie dabei 50 g Mehl durch 50 g Bitterkakaopulver. Für die Creme Hafermilch mit geröstetem Mohn, Zucker und 2–3 g Agar-Agar gut verrühren und aufkochen. Abkühlen lassen und mit der gut gekühlten und geschlagenen veganen Sahne vermischen.

WENIG ZUCKER | Als Zuckerersatz eignet sich Kokosblütenzucker.

MEIN TIPP

Verwenden Sie zum Garnieren des Kuchens zur Kirschenzeit frische Kirschen mit Stiel.

Die guten alten Zeiten

Es ist meiner Meinung nach normal, dass man sich gerne an früher zurückerinnert. Und heute ist dann die „gute alte Zeit" von morgen. „Klingt blöd, ist aber so", würde Löwenzahn-Peter sagen. Nun, ich glaube, dass das in der Natur der Sache liegt. Selbst die Neandertaler werden sich an ihre Vorfahren erinnert haben, die Pfeilspitzen vielleicht gröber zuspitzten oder das erlegte Mammut anders zelebrierten. Man erinnert sich gerne zurück an die gute alte Zeit, in der alles anders war. Zweifelsohne waren die Zeiten weniger stressig. Es gab mehr Rituale und der Tages- bzw. Wochenablauf war genauer eingeteilt.

So wurden zum Beispiel samstags alle Schuhe vor die Haustüre gestellt. Das Schuhputzzeug hatte seinen festen Platz in einer alten Schuhschachtel. Darin lagen die Dosen mit der Schuhcreme in braun, schwarz oder farblos und die verschiedenen Tücher dazu. Damit wurden die Schuhe geputzt und anschließend mit einer Bürste gewichst, damit sie schön glänzten. Kaputtes Schuhwerk wurde zum Dorfschuster gebracht und dort geflickt oder neu gesohlt. Übrigens war der Schuster aus meinem Heimatdorf der beste weit und breit. Er und bis ins hohe Alter auch sein Vater arbeiteten gemeinsam in der Werkstatt, wo ich als Kind gerne hinging, um Schuhe zur Reparatur zu bringen. Ganz nebenbei besuchte ich dann meine zwei Freundinnen, die Zwillinge Johanna und Mariedl. Die Werkstatt war finster und es roch stark nach Schusterleim. Sie war vollgestopft mit Schuhen, die zur Reparatur hingebracht und welchen, die nicht mehr abgeholt wurden. Gelagert wurden außerdem Holzleisten, Leder in allen Farben, Sohlen in allen Größen, es gab eine Nähmaschine und viele andere Utensilien, die diesem Handwerk dienten. Auf zwei wackeligen Holzschemeln saßen Vater und Sohn Schuster ganz gebückt und flickten, klopften, erzählten. Der Senior kam gern mal in Rage, dann spuckte er beim Erzählen und die Kundschaft brachte sich in Sicherheit. Und das Beste: Die Schuhe, die vom Sextener Dorfschuster bearbeitet wurden, sind nie mehr gerissen. Der Mann war gut, aber schlecht für die Schuhgeschäfte. Früher war es Sparsamkeit, heute wäre es Nachhaltigkeit.

Übrigens gibt es den jungen Dorfschuster immer noch - einfach herrlich!

OMAS SCHOKOTORTE

FÜR DEN SCHOKOBODEN

40 g Schokolade
75 g Butter
4 Eiweiß
125 g Zucker
1 Prise Salz
120 g Mehl
65 g Brotbrösel
1 TL Backpulver
1 EL Vanillezucker
4 Eigelb

FÜR DIE CREME

300 ml Sahne
150 g Bitterschokolade
60 g Butter

WEITERES

1 EL Bitterkakaopulver zum Garnieren

Springform: 24/26 cm Ø · Backtemperatur: 180 Grad
Backzeit: etwa 30 Minuten · Kühlzeit: etwa 2 x 2 Stunden

Schokolade und Butter im warmen Wasserbad schmelzen.
Eiweiß mit der Küchenmaschine oder den Quirlen des Handmixers auf mittlerer Stufe leicht anschlagen, Zucker und Salz einrieseln lassen und so lange weiterschlagen, bis der Eischnee steif und glänzend ist.
Mehl, Brotbrösel, Backpulver und Vanillezucker mischen und abwechselnd vorsichtig mit der Butter-Schokolade-Mischung und Eigelb unter den Eischnee heben.
Springform mit Backpapier auslegen, Teig einfüllen, glatt streichen und im Backofen backen.
Nach dem Backen den Boden sofort mit einem Messer vom Springformring lösen und auskühlen lassen.

Sahne zum Kochen bringen und vom Herd nehmen. Schokolade in kleine Stücke schneiden und in die heiße Sahne rühren. Nach etwa 5 Minuten die Butter dazurühren und weiterrühren, bis sich alles schön verbunden hat. Die Creme etwa 2 Stunden abkühlen lassen und dann mit dem Rührgerät etwa 3 Minuten aufschlagen.
Den Schokoladenboden auf eine Platte stürzen und mit einem möglichst großen Messer quer durchschneiden. Die Hälfte der Creme auf den unteren Boden streichen, mit dem zweiten Boden bedecken, restliche Creme darüberstreichen und mit dem Spachtel kleine Dellen eindrücken.
Nach Belieben mit Bitterkakaopulver bestreuen. Torte etwa 2 Stunden kühlen.

GLUTENFREI | Ersetzen Sie das Mehl durch Reismehl, die Brotbrösel durch Kartoffelstärke und verwenden Weinsteinbackpulver sowie glutenfreies Kakaopulver.

VARIANTEN: GLUTENFREI

ORANGEN-SCHOKO-HERZ

FÜR DEN TEIG

3 Eiweiß

125 g Zucker

200 g Mehl

100 g Kartoffelstärke

1 EL Backpulver

1 EL Vanillezucker

1 Bio-Orange, Saft und Schale, gerieben

125 g Schokosplitter

125 g Butter, geschmolzen

100 ml Milch

3 Eigelb

WEITERES

Staubzucker zum Bestreuen

Herzkuchenform aus Silikon oder Herz-Springform: 24 cm Ø
Backtemperatur: 170 Grad · Backzeit: etwa 45 Minuten

Eiweiß mit der Küchenmaschine oder mit den Quirlen des Handmixers leicht schaumig schlagen. Zucker einrieseln lassen und so lange weiterschlagen, bis der Eischnee steif und glänzend ist.
Mehl, Kartoffelstärke, Backpulver, Vanillezucker, Orangenschale und Schokosplitter vermischen und abwechselnd mit Butter, Orangensaft, Milch und Eigelb unter den Eischnee heben.

Die Herzform mit Backpapier auslegen (bei Silikonbackformen nicht nötig), Teig einfüllen, glatt streichen und backen.
Kuchen etwa 30 Minuten in der Form auskühlen lassen und dann auf eine Kuchenplatte stürzen. Mit Staubzucker bestreuen.

GLUTENFREI | Ersetzen Sie das Mehl durch Reismehl und verwenden Sie Weinsteinbackpulver.

LAKTOSEFREI | Ersetzen Sie Butter durch gute Pflanzenmargarine und Milch durch Hafermilch.

WENIG ZUCKER | Kokosblütenzucker oder flüssiger, leicht erwärmter Honig sind hier eine gute Alternative zu Zucker.

MEIN TIPP

Sie können diesen Kuchen auch mit flüssiger Schokolade überziehen oder mit erwärmter Orangenmarmelade bepinseln.

Opas Schaukelpferd

Dieses wunderschöne Schaukelpferd war das absolute Lieblingsspielzeug meiner Töchter. Mein Vater hat es für seine Enkelkinder selbst gebaut. Der erste Ritt unserer Tochter Nadia fand in aller Stille auf der noch nicht gut getrockneten Ölfarbe statt. Da konnte die Waschmaschine auch nicht mehr viel ausrichten. Opa und Enkelin hatten jedoch Riesenspaß und das war das Wichtigste. Nachdem das Kind etwas zu arg geschaukelt hatte und beinahe nach vorne kippte, montierte Opa genialerweise kleine Räder auf die Schaukel. Das war natürlich perfekt, denn das Pferd bewegte sich beim Reiten fort. Jahrelang kam es täglich mehrmals zum Einsatz. Einmal hatten unsere Töchter sogar den Stunt mit der Rodel aus dem Film *Kevin allein zu Haus* nachgespielt und sind mit dem Schaukelpferd über Omas Treppe hinuntergedonnert. Diese Szene ging für Pferd und Reiter glimpflich aus, wurde jedoch nie mehr wiederholt.
Immer, wenn ich auf dem Dachboden Opas Schaukelpferd erblicke, schwelge ich in Erinnerungen an meine zwei tollen Mädels.

Kindergeburtstag

Weiße Schokotorte mit Himbeeren | S. 38

Ameisenkuchen | S. 42

Schneewittchentorte | S. 34

athis Waffeln | S. 44

SCHNEEWITTCHENTORTE

FÜR DEN BISKUITBODEN

6 Eiweiß

6 EL kaltes Wasser

150 g Zucker

100 g Mehl

80 g Kartoffelstärke

1 EL Vanillezucker

1 TL Weinsteinbackpulver

50 ml Speiseöl oder flüssige Butter

FÜR DIE CREME

3 Blatt Gelatine

500 g Erdbeeren

2 EL Zucker

1 Zitrone, Saft

250 g Quark

50 ml Sahne

60 g Staubzucker

1 EL Vanillezucker

WEITERES

einige Tropfen flüssige Sahne zum Garnieren

Springform: 24/26 cm Ø · Backtemperatur: 180 Grad
Backzeit: etwa 30–45 Minuten · Kühlzeit: etwa 1 Stunde

Eiweiß mit dem Wasser leicht anschlagen und nach und nach den Zucker einrieseln lassen. Die Masse etwa 8 Minuten schlagen, bis der Eischnee steif und glänzend ist. Mehl, Kartoffelstärke, Vanillezucker und Weinsteinbackpulver vermischen und mit dem Öl langsam abwechselnd unter den Eischnee heben.
Springform mit Backpapier auslegen, Teigmasse darauf verteilen, glatt streichen und im vorgeheizten Backofen backen.
Sofort nach dem Backen das Biskuit mit einem Messer vom Rand der Springform lösen und auskühlen lassen.
Biskuit auf einen Tortenteller stürzen, Backpapier lösen und mit einem möglichst großen Messer quer durchschneiden.

Gelatine in kaltem Wasser einweichen. Erdbeeren waschen, halbieren und mit Zucker in einen Mixbecher geben. Zitronensaft erwärmen, die gut ausgedrückten Gelatineblätter darin auflösen und mit den Erdbeeren fein mixen.
Quark, Sahne, Staubzucker und Vanillezucker zu einer cremigen Masse schlagen, die Hälfte der Erdbeersauce dazurühren. Diese Quarkcreme auf dem unteren Boden verteilen und glatt streichen. Den zweiten Boden darauflegen, die restliche Erdbeersauce darübergeben und glatt streichen.

Sahnetropfen auf die Erdbeeroberfläche aufbringen und mit einem Zahnstocher ein beliebiges Muster zeichnen. Oder mit der Sahne ein Smiley zaubern. Die Torte gut kühlen.

GLUTENFREI | Verwenden Sie für den Biskuitboden 80 g Reismehl und 100 g Kartoffelstärke.

LAKTOSEFREI | Verwenden Sie Öl für den Biskuitboden und laktosefreien Quark sowie laktosefreie Schlagsahne für die Creme.

MEINE TIPPS

Wunderschön auch mit frischen Erdbeeren garniert.
Die übrigen Eigelbe können sie einzeln in einem Eiswürfelbehälter einfrieren und bei Bedarf auftauen. Verwenden Sie sie zum Beispiel für die Crema-Catalana-Torte (S. 110) oder Spaghetti Carbonara.

WEISSE SCHOKOTORTE MIT HIMBEEREN

FÜR DEN BISKUITBODEN

4 Eier

150 g Zucker

100 g Reismehl

50 g Kartoffelstärke

2 EL Bitterschokolade, gerieben

1 EL Vanillezucker

1 TL Weinsteinbackpulver

FÜR DIE CREMEN

2 Blatt Gelatine

400 ml Sahne

1 Zitrone, Saft

200 g Himbeeren (auch tiefgefroren)

50 g Zucker

150 g weiße Schokolade

WEITERES

weiße Schokoraspel zum Garnieren

einige frische Himbeeren zum Garnieren

Springform: 24/26 cm Ø · Backtemperatur: 180 Grad
Backzeit: etwa 30–45 Minuten · Kühlzeit: etwa 1 Stunde

Eier und Zucker mit der Küchenmaschine oder mit den Quirlen des Handmixers etwa 8 Minuten hellgelb und cremig aufschlagen.
Reismehl, Kartoffelstärke, Bitterschokolade, Vanillezucker und Weinsteinbackpulver vermischen und vorsichtig unter die Eier-Zucker-Masse heben.
Springform mit Backpapier auslegen, die Biskuitmasse einfüllen, glatt streichen und sofort im vorgeheizten Backofen backen.
Aus dem Backofen nehmen und den Boden mit einem Messer vom Rand der Form lösen. Auskühlen lassen, auf einen Tortenteller stürzen und das Backpapier abziehen.
Den Boden mit einem möglichst großen Messer quer durchschneiden.

Gelatine in reichlich kaltem Wasser einweichen.
Sahne steif schlagen und die Hälfte davon beiseitestellen.
Zitronensaft erhitzen und darin die gut ausgedrückten Gelatineblätter auflösen.
Himbeeren mit Zitronensaft und Zucker mixen und mit der Hälfte der Schlagsahne verrühren. Den unteren Boden mit der Himbeercreme bestreichen. Den oberen Boden darauflegen.
Weiße Schokolade im Wasserbad schmelzen und zügig unter die restliche Sahne schlagen.
Die weiße Creme auf dem oberen Boden verteilen, glatt streichen und mit weißen Schokoraspeln sowie den frischen Himbeeren garnieren.
Die Torte gut kühlen.

VEGAN & LAKTOSEFREI | Veganer Biskuitboden Seite 12. Geben Sie 2 EL geriebene vegane und laktosefreie Bitterschokolade dazu. Verwenden Sie gut gekühlte vegane Schlagsahne ohne Gelatinezusatz sowie vegane und laktosefreie weiße Schokolade.

MEIN TIPP

Diese Traumtorte können Sie auch mit anderem Fruchtmark zubereiten, zum Beispiel aus Erdbeeren, Heidelbeeren, Johannisbeeren (evtl. mit etwas mehr Zucker) oder anderen.

Eine kleine Kindergeschichte

Meine kleinere Tochter Sandra war ein lebhaftes und sehr selbständiges Kind, das sich häufig alleine mit allerlei Spielen beschäftigte. Eines Tages sah ich aus dem Fenster und erblickte mein Töchterchen, das gerade an unserer großen Fichte stand und heftig gestikulierte. Dann machte sie ein andächtiges Kreuzzeichen, steckte ein selbst gebasteltes Kreuz in die Erde und wandte sich feierlich vom Baum ab. Neugierig und schon etwas besorgt ging ich hinaus zu ihr und fragte, was sie denn spiele.
Sandra erklärte mir, dass sie gerade die Beerdigungsfeier einer Ameise zelebrierte und deshalb eine großartige Grabrede gehalten habe, da dieses Tier ein Leben lang so fleißig und emsig war.
Ich fand dies herzzerreißend.

R

alles im Schilde führte

AMEISENKUCHEN

FÜR DEN TEIG

150 g Butter

3 Eiweiß

150 g Zucker

200 g Mehl

1 EL Vanillezucker

1 TL Backpulver

50 g Schokostreusel

3 Eigelb

FÜR DIE CREME

50 ml Sahne

30 g Butter

80 g Schokolade, gesplittert

WEITERES

1 TL Aprikosenkonfitüre

1 EL Wasser

50 g Schokostreusel zum Garnieren

Kastenform: etwa 30 cm · Backtemperatur: 170 Grad
Backzeit: etwa 30–40 Minuten · Kühlzeit: etwa 40 Minuten

Butter schmelzen. Eiweiß leicht anschlagen, Zucker langsam einrieseln lassen und etwa 8 Minuten weiterschlagen, bis der Eischnee steif und glänzend ist.
Mehl, Vanillezucker, Backpulver und Schokostreusel mischen und abwechselnd mit Butter und Eigelb verrühren.
Die Kastenform einfetten oder mit einem Backpapier auskleiden, das Sie kurz unter kaltes Wasser gehalten haben, so wird es geschmeidiger für die Form. Teigmasse einfüllen, glatt streichen und im vorgeheizten Backofen backen.
Nach dem Backen etwa 20 Minuten in der Form auskühlen lassen und dann mit der glatten Seite nach unten auf einen Teller stellen.

Sahne erwärmen, Butter und gesplitterte Schokolade in die warme Sahne rühren, bis eine homogene Masse entsteht.
Die Schokoladencreme gleichmäßig auf den Kuchen streichen und dabei einen Rand von etwa 5 mm frei lassen. Aprikosenkonfitüre mit Wasser erwärmen und damit mithilfe eines Backpinsels die Ränder des Kuchens bestreichen. Die Streusel auf die Konfitüre streuen und abkühlen lassen.

GLUTENFREI | Ersetzen Sie das Mehl durch 100 g Reismehl und 100 g Kartoffelstärke.

LAKTOSEFREI | Gute Pflanzenmargarine anstatt der Butter verwenden. Für die Füllung nehmen Sie vegane Sahne.

KATHIS WAFFELN

FÜR DEN TEIG

140 g Butter, geschmolzen

5 Eiweiß

140 g Zucker

140 g Mehl

1 EL Vanillezucker

1 TL Backpulver

½ Bio-Zitrone, Schale, gerieben

5 Eigelb

WEITERES

Staubzucker zum Bestreuen

Ergibt etwa 35 Stück.
Waffeleisen · Backtemperatur: mittlere Stufe (nach Belieben)

Butter schmelzen. Eiweiß mit der Küchenmaschine oder den Quirlen des Handmixers leicht anschlagen, Zucker einrieseln lassen und etwa 8 Minuten weiterschlagen, bis der Schnee steif und glänzend ist.
Mehl, Vanillezucker, Backpulver und Zitronenschale mischen und abwechselnd mit Butter und Eigelb vorsichtig in den Eischnee einarbeiten.
Waffeleisen vorheizen. Bei der ersten Runde empfiehlt es sich, das Eisen mit einem Küchenpapier etwas einzuölen.
Etwa 2 EL Teig einfüllen, Waffeleisen schließen und sobald das grüne Licht wieder aufleuchtet, die Waffeln mithilfe eines flachen Messers herausnehmen. Mit dem restlichen Teig genauso verfahren.
Die Waffeln mit einem Messer auseinanderschneiden, nach Belieben mit Staubzucker bestreuen und servieren.

MEINE TIPPS

Diese Waffeln können Sie auch „dunkel“ zubereiten. Ersetzen Sie dazu 30 g Mehl durch 30 g Kakaopulver. Sehr lecker ist auch die Apfelwaffelvariante: Mischen Sie dafür dem Teig 1 grob geriebenen säuerlichen Apfel unter.
1 kleine Kugel Vanilleeis zwischen 2 Waffeln schmeckt hervorragend. Ein Genuss auch mit Zimtsahne oder frischen Waldbeeren.

Bananensplit-Torte | S. 58

Faschingsparty

Hugotorte | S. 54

Limetten-Pistazien-Kuchen | S. 62

Lambadatorte | S. 50

Faschingszeit!

Faschingszeit – da sind die Narren los und auch auf den Straßen manch närrische Autofahrer. Gerade ein solcher ging zwei Beamten der Straßenpolizei bei uns im Pustertal ins Netz. Sie forderten den Herrn freundlich auf, sich auszuweisen, worauf dieser lallte: „Seid's ihr aber nette Buben, seid's Zwillinge, gell, hat euch das Kostüm die Mama genäht, ha?"
Aber hallo! Schneller als die Polizei erlaubt, ging's im Streifenwagen nach Hause und der Führerschein war wohl auch Geschichte.

LAMBADATORTE

FÜR DEN BODEN

125 g Butter

125 g Schokolade

3 Eiweiß

100 g Zucker

2 EL Kartoffelstärke

2 EL Bitterkakaopulver

1 EL Weinsteinbackpulver

3 Eigelb

FÜR DIE CREME

3 Blatt Gelatine

250 ml Milch

50 g Zucker

1 EL Vanillezucker

100 g Kokosraspel

200 ml Sahne

FÜR DEN FRUCHTSPIEGEL

1 Blatt Gelatine

½ Orange, Saft

1 Mango

1 Maracuja

1 EL Zucker

Springform: 24/26 cm Ø · Backtemperatur: 170 Grad
Backzeit: etwa 30–40 Minuten · Kühlzeit: etwa 2 Stunden

Butter und Schokolade im warmen Wasserbad schmelzen.
Eiweiß mit der Küchenmaschine oder den Quirlen des Handmixers leicht anschlagen. Nach und nach Zucker einrieseln lassen und etwa 8 Minuten schlagen, bis der Schnee steif und glänzend ist.
Kartoffelstärke, Bitterkakao und Weinsteinbackpulver mischen und abwechselnd mit Butter-Schokolade-Masse und Eigelb unter den Eischnee heben. Springform mit Backpapier auslegen, Teig einfüllen, glatt streichen und im vorgeheizten Backofen backen. Nach dem Backen den Kuchen sofort mit einem Messer vom Springformring lösen und abkühlen lassen.

Gelatine in kaltem Wasser einweichen.
Milch, Zucker, Vanillezucker und Kokosraspel aufkochen, Gelatineblätter gut ausdrücken und in der heißen Flüssigkeit auflösen. Die Creme abkühlen lassen.
Sahne steif schlagen und mit der Kokosmischung verrühren. Sollte die Creme zu weich sein, so stellen Sie diese noch kurz in den Kühlschrank.
Den Boden auf eine Kuchenplatte geben und dabei das Backpapier vorsichtig abziehen.
Die Kokoscreme gleichmäßig auf dem Boden verteilen, glatt streichen und den Kuchen kühlen.

Gelatine in kaltem Wasser einweichen.
Orangensaft erwärmen und das gut ausgedrückte Gelatineblatt darin auflösen. Mango, Maracuja, Orangensaft und Zucker mit dem Mixstab fein pürieren. Diesen Fruchtspiegel schön gleichmäßig auf der Torte verteilen und diese wiederum gut kühlen.

VEGAN | Veganer Biskuitboden Seite 12. Ersetzen Sie dabei 50 g Mehl durch 50 g Bitterkakaopulver. Für die Creme: Anstatt der Milch verwenden Sie Hafermilch, die Sie mit Zucker und 2–3 g Agar aufkochen. Verwenden Sie gut gekühlte vegane Sahne oder Kokosfett mit hohem Fettanteil zum Aufschlagen.

MEIN TIPP

Sie können auch andere Südfrüchte, zum Beispiel Ananas oder Sternfrucht, für den Fruchtspiegel oder zum Garnieren verwenden. Lassen Sie Ihrer Fantasie freien Lauf ... da da da da da da da Lambada!

GLUTENFREI | VARIANTE: VEGAN

HUGOTORTE

FÜR DEN BISKUITBODEN

4 Eier

150 g Zucker

100 g Reismehl

50 g Kartoffelstärke

1 EL Vanillezucker

1 TL Weinsteinbackpulver

½ Bio-Limette, Schale, gerieben

FÜR DIE CREME

3 Blatt Gelatine

100 ml Prosecco

15 Blatt Hugominze (oder Minze)

100 ml Holundersirup

1 Bio-Limette, Saft

300 ml Sahne

WEITERES

Limettenscheiben zum Garnieren

Minzblätter zum Garnieren

Springform: 24/26 cm Ø · Backtemperatur: 180 Grad
Backzeit: etwa 30 Minuten

Eier und Zucker mit der Küchenmaschine oder mit den Quirlen des Handmixers etwa 8 Minuten hellgelb und cremig aufschlagen.
Reismehl, Kartoffelstärke, Vanillezucker, Backpulver und Limettenschale vermischen und vorsichtig unter die Eier-Zucker-Masse heben.
Springform mit Backpapier auslegen, Biskuitmasse einfüllen, glatt streichen und im vorgeheizten Backofen backen.
Nach dem Backen den Boden sofort mit einem Messer vom Rand der Form lösen und auskühlen lassen.

Gelatine in kaltem Wasser einweichen.
Prosecco aufkochen und etwa 2 Minuten köcheln lassen. Dann die gut ausgedrückten Gelatineblätter darin auflösen, mit den Minzblättern, 50 ml Holundersirup und dem Limettensaft mixen und abkühlen lassen.
Sahne mit dem restlichen Holundersirup steif schlagen und die Proseccocreme unterheben.
Den Boden auf eine Platte stürzen, Backpapier abziehen und mit einem möglichst großen Messer quer durchschneiden. Die Hälfte der Hugocreme gleichmäßig auf dem unteren Boden verteilen und mit dem zweiten Boden bedecken. Die restliche Creme auf den oberen Boden streichen und glätten. Nach Belieben mit Limettenscheiben und Minzblättern garnieren.

VEGAN & LAKTOSEFREI | Veganer Biskuitboden Seite 12. Geriebene Schale von ½ Bio-Limette hinzugeben. Für die Creme: Flüssigkeit mit 2 g Agar-Agar mischen, 2 Minuten kochen und abkühlen lassen. Gut gekühlte vegane Schlagsahne verwenden.

WENIG ZUCKER | Der Zucker kann durch Kokosblütenzucker ersetzt werden.

MEIN TIPP

Zeichnen Sie auf ein Stück Pappe zwei Sektgläser und schneiden Sie sie aus. Nun legen Sie sie als Schablone auf die Torte und bestäuben diese mit etwas Kakaopulver oder im Idealfall mit Goldstaub. Diese Torte ist ein Leckerbissen für Erwachsene.

GLUTENFREI | VARIANTEN: VEGAN, LAKTOSEFREI & WENIG ZUCKER

Der betrunkene Igel

Der Weinkeller meiner Oma befand sich neben einem großen Heizraum, in dem sie bei schlechter Witterung auch ihre Wäsche zum Trocknen aufhängte. In diesen Räumen lebte ihr Haustier, ein Igel. Dieser kleine Freund war von Zeit zu Zeit ein spaßiger Geselle. Normalerweise schlafen Igel am Tag, da es nachtaktive Tiere sind. Doch Omas Igel hatte wohl Tag und Nacht verwechselt, wurde aggressiv und attackierte Oma eines helllichten Tages, als sie nach der Wäsche sah. Er starrte sie mit ganz weit aufgerissenen Augen an und sagte Oma den Kampf an.
Oma kam ein Verdacht, als sie kaputte Weinflaschen auf dem Kellerboden fand. Wer hatte diese Flaschen zerbrochen? Die Ermittlungen konzentrierten sich auf das nähere Umfeld in der Familie, sprich meinen Cousin Alfred, der zu so manchem Streich fähig war. Dieser beteuerte jedoch inständig seine Unschuld. Die Vorfälle häuften sich: Immer wieder lag eine der Weinflaschen, die am Boden an eine Mauer gelehnt standen, zerbrochen daneben und der Igel war eindeutig sturzbesoffen. Omas Igel hatte ein Alkoholproblem. Eines Tages schlich sich Oma in den Keller und beobachtete, wie der Igel eine Weinflasche umwarf und diese so lange gegen die Mauer schubste, bis sie zerbrach. Dann trank er genüsslich den Wein und war dementsprechend stachelig. Oma räumte die Weinflaschen weg, ihr putziger Freund war jetzt auf Entzug und hatte sich bald wieder beruhigt.

Happiness is a
piece of cake

BANANENSPLIT-TORTE

FÜR DEN BISKUITBODEN

100 g Schokolade

4 Eier

150 g Zucker

100 g Mehl

50 g Kartoffelstärke

1 EL Vanillezucker

1 TL Backpulver

FÜR DIE CREME

150 ml Milch

3 EL Zucker

1 EL Vanillezucker

1 Eigelb

1 EL Kartoffelstärke

150 ml Sahne

WEITERES

2 EL Aprikosenkonfitüre

2 mittelgroße reife Bananen

150 ml Sahne

2 EL Zucker

50 g Schokolade zum Garnieren

1 Banane zum Garnieren

Springform: 24/26 cm Ø · Backtemperatur: 180 Grad
Backzeit: etwa 30 Minuten · Kühlzeit: etwa 2,5 Stunden

Schokolade in Splitter hacken. Eier und Zucker etwa 8 Minuten mit der Küchenmaschine oder den Quirlen des Handmixers schaumig schlagen, bis die Masse hellgelb und cremig ist.
Mehl, Kartoffelstärke, Vanillezucker, Backpulver und Schokosplitter vermischen und mit einem Silikonspachtel vorsichtig unter die Eier-Zucker-Masse heben.
Springform mit Backpapier auslegen, Teig einfüllen, glatt streichen und im vorgeheizten Backofen auf der untersten Schiene backen. Gleich nach dem Backen das Biskuit mit einem Messer vom Rand lösen und auskühlen lassen.

Milch, Zucker, Vanillezucker, Eigelb und Kartoffelstärke in einen Topf geben, mit dem Schneebesen gut verquirlen und unter ständigem Rühren zum Kochen bringen. Sobald die Creme dick wird, vom Herd nehmen und abkühlen lassen.
Sahne steif schlagen und die erkaltete Vanillecreme unterheben.

Den Biskuitboden auf eine Kuchenplatte stürzen und mit einem möglichst großen Messer quer durchschneiden.
Den unteren Boden mit Aprikosenkonfitüre bestreichen und die Bananen scheibchenweise darauf verteilen. Die Vanillecreme gleichmäßig darübergießen und glatt streichen. Mit dem zweiten Boden bedecken.
Sahne mit Zucker steif schlagen und auf dem oberen Boden beliebig verteilen, eventuell auch einen Spritzsack verwenden. Schokolade im warmen Wasserbad schmelzen und dekorativ auf der Sahne verteilen. Die Torte mit Bananenstücken verzieren. Im Kühlschrank gut durchkühlen lassen.

GLUTENFREI | Mehl durch Reismehl ersetzen und Weinsteinbackpulver verwenden.

WENIG ZUCKER | Kokosblütenzucker wäre eine gesunde Alternative zum normalen Zucker, Sie können ihn 1:1 ersetzen.

Happiness is a
piece of cake

LIMETTEN-PISTAZIEN-KUCHEN

FÜR DEN TEIG

4 Eiweiß

125 g Zucker

100 g Mehl

100 g Pistazien, gerieben

25 g Kartoffelstärke

1 EL Vanillezucker

1 TL Backpulver

1 Bio-Limette, Schale, gerieben

100 ml Olivenöl

4 Eigelb

3 Limetten, Saft

2 EL Zucker

FÜR DIE CREME

100 ml Sahne

50 g Zucker

200 g Quark

1 Limette, Saft

WEITERES

Limettenscheiben und Pistazien zum Garnieren

Kastenform aus Silikon oder anderem Material: 28–30 cm
Backtemperatur: 170 Grad · Backzeit: etwa 45–50 Minuten

Eiweiß mit der Küchenmaschine oder dem Handmixer auf mittlerer Stufe leicht anschlagen, Zucker einrieseln lassen und etwa 8 Minuten lang schaumig schlagen, bis der Eischnee steif und glänzend ist.
Mehl, Pistazien, Kartoffelstärke, Vanillezucker, Backpulver und Limettenschale vermischen und zusammen mit dem Olivenöl und dem Eigelb vorsichtig unter den Eischnee rühren.
Teig in die Silikonbackform oder in eine mit Backpapier ausgelegte Kastenform füllen, glatt streichen und im vorgeheizten Backofen backen. Kuchen in der Form auskühlen lassen und auf eine Tortenplatte stürzen.
Limettensaft erwärmen und den Zucker darin auflösen.
Mit einem Holzspieß viele tiefe Löcher in den Kuchen stechen und diesen gleichmäßig mit dem Limettensaft tränken.

Sahne mit Zucker steif schlagen und Quark und Limettensaft dazuschlagen. Die Creme beliebig auf den Kuchen streichen oder mithilfe eines Spritzsacks aufdressieren. Mit Limettenscheiben und Pistazien garnieren.

GLUTENFREI | Mehl durch 50 g Reismehl und 50 g Kartoffelstärke ersetzen.

LAKTOSEFREI | Vegane Schlagsahne und veganen Quark verwenden oder auf die Haube verzichten und den Kuchen mit Staubzucker garnieren.

MEINE TIPPS

Anstatt der Quarkcreme können Sie eine Staubzucker-Limetten-Glasur zubereiten. Dazu Staubzucker mit wenig Limettensaft anrühren und den abgekühlten und mit Limettensaft getränkten Kuchen damit überziehen. Nach Belieben mit Limettenscheiben garnieren. Sie können die Limetten durch kleine Zitronen und die Pistazien durch grüne, geriebene Kürbiskerne ersetzen.

Mohnkranz | S. 72

Das Schönste am ganzen Tag, das sind die Pausen

Pfirsichkuchen sehr fein | S. 74

Müsliriegel | S. 66

Apfel-Schoko-Kuchen | S. 68

MÜSLIRIEGEL

ZUTATEN

150 g kernige Haferflocken
50 g Dinkelflocken
25 g Sonnenblumenkerne
25 g Kürbiskerne
100 g Haselnüsse, halbiert
20 g Kokosraspel
60 g getrocknete Cranberrys
50 g Butter
100 g Honig
100 g Zucker
1 EL Zitronensaft
2 EL Wasser

Ergibt etwa 16 Riegel.
Backblech · Backtemperatur: 160 Grad
Backzeit: etwa 20 Minuten

Haferflocken, Dinkelflocken, Sonnenblumenkerne, Kürbiskerne, Haselnüsse, Kokosraspel und getrocknete Cranberrys in eine Schüssel geben und vermischen.
Butter, Honig, Zucker, Zitronensaft und Wasser in einem Topf unter ständigem Rühren zum Kochen bringen. Die vermischten trockenen Zutaten dazugeben, gut umrühren und etwa 2 Minuten leicht köcheln lassen.
Die Masse auf ein Backpapier (etwa 40 cm lang) streichen und mit dem Silikonspachtel verteilen. Ein zweites Backpapier darüberlegen und die Masse mit dem Nudelholz glätten. Sie sollte etwa 1 cm dick sein. Das zweite Backpapier wieder entfernen und eventuell die Ränder der Masse mit einem Messer geraderücken. Dann samt Backpapier auf das Backblech geben und im vorgeheizten Backofen backen.
Die gebackene Masse in beliebig große Riegel schneiden.

VEGAN & LAKTOSEFREI | Hochwertige Pflanzenmargarine anstatt der Butter und Ahornsirup anstatt des Honigs verwenden.

MEINE TIPPS

Lagern Sie die Riegel in Dosen und legen Sie jeweils Backpapier dazwischen, damit sie nicht zusammenkleben.
Die Flocken und Trockenfrüchte können bei eventuellen Unverträglichkeiten nach Belieben ausgetauscht werden.
Dieses Gebäck ist ideal für Sportler, Wanderer, gestresste Manager oder zickige Sekretärinnen als Snack für zwischendurch. Auch als Jause in der Schule und natürlich als Stärkung für Gehirn und Nerven vor harten Prüfungen.

Dieses Rezept stammt ursprünglich von meiner lieben Nachbarin Christine.
Sie ist beispielhaft in Sachen Ernährung, davon zeugen ihre überaus sportlichen Familienmitglieder und allen voran ihre Tochter Dani, die seit Jahren während der Ferien in unserem Betrieb fleißig mithilft.

APFEL-SCHOKO-KUCHEN

FÜR DEN BELAG

3–4 mittelgroße, reife Äpfel

½ Bio-Zitrone, Saft

FÜR DEN TEIG

150 g Butter

3 Eiweiß

125 g Zucker

125 g Mehl

25 g Kakaopulver

50 g Haselnüsse, gerieben

1 EL Vanillezucker

1 TL Ingwerpulver

1 TL Zimt

1 EL Weinsteinbackpulver

2 EL Rum

3 Eigelb

WEITERES

2 EL Aprikosenkonfitüre

2 EL Wasser

Springform: 24/26 cm Ø, rund oder nach Belieben viereckig
Backtemperatur: 170 Grad · Backzeit: etwa 1 Stunde

Äpfel schälen, vierteln, Gehäuse entfernen, fächerförmig einschneiden, mit dem Zitronensaft beträufeln und beiseitestellen.

Butter schmelzen. Eiweiß leicht anschlagen, Zucker einrieseln lassen und so lange weiterschlagen, bis der Eischnee steif und glänzend ist. Mehl, Kakaopulver, Haselnüsse, Vanillezucker, Ingwerpulver, Zimt und Weinsteinbackpulver mischen und abwechselnd mit Butter, Rum und Eigelb unter den Eischnee rühren.
Den Teig in die mit Backpapier ausgelegte Form füllen und glatt streichen. Äpfel gleichmäßig darauf verteilen und den Kuchen im vorgeheizten Backofen backen.
Nach dem Backen den Kuchen mit einem Messer vom Springformring lösen und auf eine Tortenplatte stürzen.
Konfitüre mit Wasser erwärmen und mit einem Backpinsel auf den Kuchen streichen.

GLUTENFREI | Das Mehl durch 80 g Reismehl und 70 g Kartoffelstärke ersetzen.

LAKTOSEFREI | Anstatt Butter verwenden Sie hochwertige Pflanzenmargarine.

MEINE TIPPS

Sollten Sie leichtkochende Äpfel haben, so vierteln Sie diese, schneiden sie fächerförmig ein und legen sie gleichmäßig auf den Teig, ohne sie mit Zitronensaft zu beträufeln.
Servieren Sie diesen Kuchen mit 1 Kugel Eis oder warmer Vanillesauce.

Multikulti

Es war ein ruhiger Freitagnachmittag. Wir bekamen Besuch von einem jungen indischen Pärchen. Er schwieg und die hübsche Frau ließ sich von mir alle Kuchen in italienischer Sprache vorstellen. Sie übersetzte dann sogleich ihrem Partner auf Hindi und er antwortete ihr auch in dieser Sprache. Nun kam mir in den Sinn, mein Schulenglisch auszupacken und ich sprach zu ihm: „We have Sacher cake, if you like chocolate", worauf er mich ansah und dann in perfektem Südtiroler Dialekt antwortete: „Hosche kan Karottnkuchn, mir war sell's Liabschte!" Ich war „baffer als baff" und konnte noch eine Stunde später in der Küche herzlich über diese witzige Situation lachen.

MOHNKRANZ

FÜR DEN QUARK-ÖL-TEIG

150 g Quark
6 EL Milch
6 EL Speiseöl
80 g Zucker
1 EL Vanillezucker
1 Prise Salz
300 g Mehl
1 EL Backpulver

FÜR DIE MOHNFÜLLUNG

100 ml Wasser
100 ml Milch
50 g Honig
150 g Mohn, frisch gemahlen
1 TL Zimt
50 g Rosinen
1 TL Rum
25 g Brotbrösel

WEITERES

2 EL Aprikosenkonfitüre
2 EL Wasser
Zuckerdekor zum Bestreuen

Springform: 26 cm Ø (nach Belieben Kranzform oder Backblech)
Backtemperatur: 170 Grad · Backzeit: etwa 50 Minuten

Quark, Milch, Öl, Zucker, Vanillezucker und Salz mit der Küchenmaschine oder den Quirlen des Handmixers etwa 5 Minuten gut schlagen. Mehl mit Backpulver vermischen und die Hälfte davon auf niedriger Stufe in die Quarkmischung einarbeiten. Das restliche Mehl mit einem Spachtel vorsichtig unterheben, einen geschmeidigen Teig kneten und etwas ruhen lassen.

Wasser, Milch und Honig aufkochen. Mohn, Zimt, Rosinen, Rum und Brotbrösel dazugeben, etwa 2 Minuten unter Rühren weiterkochen lassen und beiseitestellen. Die Füllung sollte gut streichfähig sein. Ist sie zu dick, fügen Sie etwas Wasser hinzu.

Den Teig auf einem mit Mehl bestäubten Backpapier oder einer Silikonbackmatte zu einem Rechteck von etwa 50 x 30 cm ausrollen. Die Mohnfüllung gleichmäßig aufstreichen und mithilfe des Papiers zu einer Strudelrolle aufrollen.
Die Kranzform gut einfetten und die Rolle hineinlegen, dabei an den Öffnungen zusammenführen. Im vorgeheizten Backofen backen. Alternativ Backpapier auf ein Backblech legen, den zusammengeführten Kranz darauflegen und backen. Es ist auch möglich, den zusammengeführten Kranz in einer mit Backpapier ausgelegten Springform zu backen.

Aprikosenkonfitüre mit Wasser erwärmen und den Kranz nach dem Backen sofort damit bestreichen. Nach Belieben mit Zuckerdekor bestreuen.

LAKTOSEFREI & VEGAN | Verwenden Sie dazu veganen Quark und Hafermilch sowie Ahornsirup anstatt des Honigs.

WENIG ZUCKER | Gerne können Sie den Zucker durch Kokosblütenzucker ersetzen.

MEINE TIPPS

Das Tolle an diesem Kranz ist der Teig, der wesentlich weniger zeitaufwendig ist als der Klassiker mit Bierhefe. Er schmeckt hervorragend und hält sich gut verpackt auch einige Tage.
Mit diesem Teig können Sie auch anderes Gebäck, zum Beispiel einen Rosinenzopf oder eine Nussrolle, herstellen.

PFIRSICHKUCHEN SEHR FEIN

ZUTATEN

3 Eiweiß

125 g Zucker

200 g Mehl

1 TL Backpulver

1 EL Vanillezucker

½ Bio-Zitrone, Schale, gerieben

3 Eigelb

125 ml mildes Olivenöl oder Samenöl

4 Pfirsiche oder 8 Pfirsichhälften aus der Dose

WEITERES

2 EL Aprikosenkonfitüre

2 EL Wasser

Pistazien oder Mandeln zum Garnieren

Springform: 24/26 cm Ø · Backtemperatur: 170 Grad
Backzeit: etwa 60 Minuten

Eiweiß mit der Küchenmaschine oder mit den Quirlen des Handmixers auf mittlerer Stufe kurz anschlagen, Zucker einrieseln lassen und etwa 8 Minuten weiterschlagen, bis der Eischnee steif und glänzend ist.
Mehl, Backpulver, Vanillezucker und Zitronenschale mischen und abwechselnd mit Eigelb und Öl unter den Eischnee rühren. Die Masse in eine mit Backpapier ausgekleidete Springform geben und glatt streichen.
Die Pfirsiche entsteinen, vierteln, fächerförmig einschneiden und auf dem Teig gleichmäßig verteilen. Im vorgeheizten Backofen backen.
Nach dem Backen den Kuchen sofort mit einem Messer vom Rand der Springform lösen.
Konfitüre mit Wasser erwärmen und den noch warmen Kuchen damit bestreichen. Gehackte Pistazien oder Mandeln darüberstreuen.

GLUTENFREI | Das Mehl durch 100 g Reismehl und 100 g Kartoffelstärke ersetzen und Weinsteinbackpulver verwenden.

WENIG ZUCKER | Bei reifen Früchten kann der Zucker um 10 g reduziert werden.

MEIN TIPP

Anstatt Pfirsiche können Sie auch anderes Obst verwenden.

Frühlingsfeeling – Osterzeit

Apfel-Kürbiskern-Kuchen | S. 90

Kartoffelgugelhupf | S. 88

Lila, mein letzter Versuch | S. 80

Raffis Zitronenkuchen mit Baiser | S. 84

Kleine Ostergeschichte

Jedes Jahr um die Osterzeit erinnere ich mich mit ganz viel Freude an eine Aktion meiner Tochter Nadia. Sie war etwa fünf Jahre alt und freute sich riesig auf den Osterhasen, der die Osternester für unsere beiden Töchter gerne in der Nähe des Hauses versteckte. Nun begann es genau an jenem Ostersamstag zu schneien.

So stand Nadia am Ostersonntag extra früher auf, nahm ihre kleine Schneeschaufel und schaufelte mit ganz viel Mühe und Präzision einen kleinen Weg vom Wald bis zu unserem Haus frei, damit der Osterhase seine Geschenke bringen konnte. Herrlich!

LILA, MEIN LETZTER VERSUCH

FÜR DEN BISKUITBODEN

4 Eier

150 g Zucker

100 g Reismehl

25 g Kartoffelstärke

25 g glutenfreies Kakaopulver

1 EL Vanillezucker

1 TL Weinsteinbackpulver

FÜR DIE CREME

300 ml Sahne

100 g Zucker

250 g Quark

1 EL Vanillezucker

150 g Heidelbeeren (auch tiefgefroren)

½ Zitrone, Saft

Springform: 24/26 cm Ø · Backtemperatur: 180 Grad
Backzeit: etwa 30 Minuten · Kühlzeit: etwa 2 Stunden

Eier und Zucker mit der Küchenmaschine oder den Quirlen des Handmixers etwa 8 Minuten hellgelb und cremig aufschlagen. Reismehl, Kartoffelstärke, Kakaopulver, Vanillezucker und Weinsteinbackpulver vermischen und vorsichtig unter die Eier-Zucker-Masse heben.
Springform mit Backpapier auslegen, Teig einfüllen und im vorgeheizten Backofen backen.
Nach dem Backen den Boden mit einem Messer von der Form lösen. Auskühlen lassen, auf einen Tortenteller stürzen und das Backpapier abziehen.

Sahne mit Zucker steif schlagen und Quark, Vanillezucker, Heidelbeeren und Zitronensaft zügig in die steife Sahne einarbeiten.
Biskuitboden mit einem möglichst großen Messer quer in zwei gleiche Hälften schneiden.
Die lila Creme auf den unteren Boden streichen, glätten und den zweiten Boden darüberlegen. Gut durchkühlen lassen.

LAKTOSEFREI & VEGAN | Veganer Biskuitboden Seite 12. Ersetzen Sie dabei 50 g Mehl durch 50 g Bitterkakaopulver und verwenden Sie für die Füllung gut gekühlte vegane Schlagsahne und veganen Quark.

WENIG ZUCKER | Der Zucker kann durch Kokosblütenzucker ersetzt werden.

MEINE TIPPS

Nach Belieben mit Staubzucker bestreuen.
Man kann im Sommer die frischen Heidelbeeren einfrieren, um sie dann ganzjährig für den Kuchen zu verwenden. Dabei die Beeren aus dem Gefrierfach nehmen und direkt in die Quarkcreme einarbeiten.

RAFFIS ZITRONENKUCHEN MIT BAISER

FÜR DEN MÜRBTEIGBODEN

100 g Mehl

25 g Bitterkakaopulver

60 g Zucker

1 EL Vanillezucker

1 TL Backpulver

1 Eigelb

60 g Butter, in Würfel geschnitten

2 EL Milch

FÜR DIE CREME

200 ml Zitronensaft

300 ml Wasser

3 EL Kartoffelstärke

70 g Butter

75 g Zucker

2 Eigelb

FÜR DAS BAISER

3 Eiweiß

100 g Zucker

Springform: 24/26 cm Ø · Backtemperatur: 170 Grad
Backzeit: etwa 50–60 Minuten

Mehl, Bitterkakaopulver, Zucker, Vanillezucker, Backpulver, Eigelb, Butter und Milch in eine Rührschüssel geben und mit der Küchenmaschine oder den Knethaken des Handmixers zügig zu einem Mürbteig verkneten. Anschließend auf einer bemehlten Arbeitsfläche noch kurz mit den Händen weiterkneten.
Teig mit dem Nudelholz dünn ausrollen und in die mit Backpapier ausgelegte Springform legen, dabei mit den bemehlten Fingern einen etwa 3 cm hohen Rand andrücken. Die Form in den Kühlschrank stellen.

Zitronensaft und Wasser mit Kartoffelstärke verquirlen und auf kleiner Flamme unter ständigem Rühren zum Kochen bringen. Nach kurzem Kochen, wenn die Masse cremig ist, vom Herd nehmen, etwa 5 Minuten abkühlen lassen und dann Butter, Zucker und Eigelb gut unterrühren.

Eiweiß kurz anschlagen, Zucker nach und nach dazugeben und etwa 8 Minuten auf mittlerer Stufe weiterschlagen, bis der Eischnee steif und glänzend ist.
Zitronencreme auf dem Mürbteigboden verteilen.
Baiser mit einem Teigspachtel darüberstreichen. Alternativ können Sie es in einen Spritzsack füllen und damit eng nebeneinander Rosetten dressieren. Kuchen im vorgeheizten Backofen backen.

MEIN TIPP

Wenn der Kuchen langsam gebacken wird, bleibt die Baiserhaube weiß und wird trotzdem knackig.

Apropos knackig: Ich widme dieses Rezept Raffi, dem Freund meiner lieben Mitarbeiterin Dani. Dani, verzeih, dein Raffi liebt mich nur wegen meiner Kuchen, es ist sozusagen eine platonische Tortenliebe. Hihihi!

Kuhhandel in der Kirche

Als ich ein Kind war, gab es in meinem Heimatdorf Moos jeden Sonntag um sieben Uhr die Heilige Messe.
Die Kirche war immer brechend voll und der Kirchenchor gab sein Bestes. Regelmäßig anwesend waren auch zwei Brüder, beide Großbauern, die sich sonntags bei der Messe trafen. Sie hatten eine altersbedingte Schwerhörigkeit und nutzten den Moment, als der Chor anstimmte, um über die verschiedenen Probleme mit den Kühen zu diskutieren.
Einmal hatte der Chor gerade das Lied zu Ende gesungen und die Kirchengemeinde wartete auf die Worte des Pfarrers, als man von hinten ganz lautes Schreien vernahm. Einer der Brüder schrie zum anderen: „Was willst du mit dieser Kuh, die nimmt ja gar nicht auf." Der Herr Pfarrer drückte demütig seine Augen zu, die Kirchleute schmunzelten und ... Hallelujah!

KARTOFFELGUGELHUPF

ZUTATEN

300 g Kartoffeln
150 g Butter
4 Eiweiß
1 Prise Salz
150 g Zucker
150 g Mehl
1 EL Vanillezucker
1 TL Zimt
1 TL Backpulver
4 Eigelb
10 ml Eierlikör

Gugelhupfform aus Silikon oder anderem Material
Backtemperatur: 170 Grad · Backzeit: etwa 45 Minuten
Kühlzeit: etwa 30 Minuten

Kartoffeln schälen, in sehr kleine Würfel schneiden und etwa 15 Minuten in Wasser kochen. Dann abseihen und auskühlen lassen. Butter schmelzen. Eiweiß mit der Küchenmaschine oder den Quirlen des Handmixers kurz anschlagen, Salz und Zucker einrieseln lassen und auf mittlerer Stufe etwa 8 Minuten weiterschlagen, bis der Eischnee steif und glänzend ist. Mehl, Vanillezucker, Zimt und Backpulver vermischen und abwechselnd mit der Butter, den Kartoffeln, dem Eigelb und dem Likör vorsichtig unter den Eischnee heben.
Backform ausfetten (bei Silikon nicht nötig), Teig einfüllen, glatt streichen und im vorgeheizten Backofen backen. Nach dem Backen den Kuchen in der Form auskühlen lassen und auf eine Platte stürzen. Nach Belieben mit Staubzucker bestreuen.

WENIG ZUCKER | Der Zucker kann nach Wunsch um 20 g reduziert oder durch Kokosblütenzucker ersetzt werden.

MEINE TIPPS

Versuchen Sie, die Zutaten sehr vorsichtig, locker und doch gründlich unter den Eischnee zu heben, damit der Kuchen schön luftig und nicht speckig wird.
Der Gugelhupf ist ideal als Frühstückskuchen und auch gut haltbar.
Sollten Sie Pellkartoffeln vom Vortag übrig haben, so können Sie auch diese fein reiben und für den Gugelhupf verwenden.

APFEL-KÜRBISKERN-KUCHEN

ZUTATEN

125 g Butter

3 Eiweiß

125 g Zucker

100 g grüne Kürbiskerne, fein gerieben

1 EL Vanillezucker

100 g Mehl

½ Bio-Zitrone, Schale, gerieben

1 TL Backpulver

3 Eigelb

4 leichtkochende, säuerliche Äpfel

WEITERES

1 EL Aprikosenkonfitüre

1 EL Wasser

Springform: 24/26 cm Ø · Backtemperatur: 170 Grad
Backzeit: etwa 45–50 Minuten

Butter schmelzen. Eiweiß mit der Küchenmaschine oder den Quirlen des Handmixers leicht anschlagen, Zucker langsam einrieseln lassen und so lange weiterschlagen, bis die Masse steif und glänzend ist.
Geriebene Kürbiskerne, Vanillezucker, Mehl, Zitronenschale sowie Backpulver vermischen und langsam abwechselnd mit Butter und Eigelb unter den Eischnee rühren.
Springform mit Backpapier auslegen, Teig darin verteilen und glatt streichen.
Äpfel schälen, vierteln, fächerartig einschneiden und gleichmäßig auf dem Teig verteilen. Kuchen im vorgeheiztem Backofen backen.
Nach dem Backen den Kuchen mit einem Messer vom Springformring lösen.
Konfitüre mit Wasser leicht erwärmen und mit einem Backpinsel den Kuchen damit bestreichen.

LAKTOSEFREI | Ersetzen Sie die Butter durch eine hochwertige Pflanzenmargarine oder durch 125 ml Pflanzenöl.

MEINE TIPPS

Apfelsorten, die Sie gut für diesen Kuchen verwenden können, sind zum Beispiel Gravensteiner oder Boskop.
Sie können diesen Apfelkuchen auch mit anderen Nüssen, zum Beispiel Walnüssen, Haselnüssen oder auch mit Pistazien backen.

VARIANTEN: LAKTOSEFREI

Muttertag

Erdbeerkuchen | S. 100

Zitronen-Ingwer-Roulade | S. 94

Aprikosenkuppeltorte | S. 104

Quarkkuchen mit Himbeeren | S. 96

ZITRONEN-INGWER-ROULADE

FÜR DIE BISKUITROLLE

6 Eier

125 g Zucker

50 g Dinkelvollkornmehl

50 g Kartoffelstärke

50 g Kürbiskerne, fein gemahlen

1 EL Vanillezucker

FÜR DIE CREME

200 ml Wasser

1 ½ Zitronen, Saft

4 Scheiben frischer Ingwer

1 EL Kartoffelstärke

250 ml Sahne

100 g Zucker

100 g Schokosplitter

WEITERES

Staubzucker zum Bestreuen

Backblech · Backtemperatur: 180 Grad
Backzeit: etwa 15–20 Minuten · Kühlzeit: etwa 2,5 Stunden

Eier und Zucker mit der Küchenmaschine oder den Quirlen des Handmixers für 8 Minuten auf mittlerer Stufe hellgelb und cremig schlagen. Dinkelvollkornmehl, Kartoffelstärke, Kürbiskerne und Vanillezucker vermischen und auf niedrigster Stufe vorsichtig in die Eier-Zucker-Masse einarbeiten.
Backblech mit Backpapier belegen. Teig gleichmäßig darauf verteilen, glatt streichen und im vorgeheizten Backofen backen.
Blech aus dem Backofen nehmen, Biskuit mit dem Backpapier vom Blech ziehen und mit dem Papier eine Rolle formen. Die Rolle auskühlen lassen.

Wasser, Zitronensaft, Ingwer und Kartoffelstärke in einen Topf geben, mit dem Schneebesen gut verrühren und aufkochen lassen. Etwa 2 Minuten unter ständigem Rühren kochen, beiseitestellen und auskühlen lassen. Die Ingwerscheiben entfernen.
Sahne mit Zucker steif schlagen, die Zitronencreme unterrühren und die Schokosplitter mit dem Teigspachtel unter die feste Creme heben.
Backpapier von der Biskuitrolle abziehen und unter den wieder ausgerollten Teigboden legen.
Die Creme gleichmäßig auf der Teigplatte verteilen, glatt streichen und mithilfe des Backpapiers wieder eine schöne Rolle formen. Auf eine Kuchenplatte setzen und gut kühlen.
Nach Belieben mit Staubzucker bestreuen.

GLUTENFREI | Das Dinkelvollkornmehl durch feines Buchweizenmehl ersetzen.

WENIG ZUCKER | Verwenden Sie Kokosblütenzucker anstatt des Zuckers.

QUARKKUCHEN MIT HIMBEEREN

ZUTATEN

150 g Butter

3 Eiweiß

125 g Zucker

350 g Quark oder Ricotta

3 Eigelb

½ Bio-Zitrone, Saft und Schale, gerieben

2 EL Grieß

1 EL Vanillezucker

1 TL Backpulver

etwa 150 g frische Himbeeren

WEITERES

Himbeeren zum Garnieren

Springform: 24/26 cm Ø · Backtemperatur: 170 Grad
Backzeit: etwa 45–60 Minuten

Butter schmelzen. Eiweiß mit der Küchenmaschine oder den Quirlen des Handmixers leicht schaumig schlagen. Zucker einrieseln lassen und so lange weiterschlagen, bis der Eischnee steif und glänzend ist.
Quark mit Butter, Eigelb, Zitronenschale und -saft verrühren und gemeinsam mit Grieß, Vanillezucker und Backpulver vorsichtig unter den Eischnee rühren.
Springform mit Backpapier auslegen, den Teig einfüllen und glatt streichen. Himbeeren regelmäßig auf der Quarkmasse verteilen und den Quarkkuchen im vorgeheizten Backofen backen.
Kuchen mit einem Messer vom Springformrand lösen und noch warm verspeisen oder auskühlen lassen.

Mit Staubzucker bestäuben und mit frischen Himbeeren garnieren.

GLUTENFREI | Verwenden Sie anstatt Grieß glutenfreies Maismehl mittlerer Stärke und geben Sie etwa 2 EL Milch dazu, da diese Variante mehr Flüssigkeit benötigt.

WENIG ZUCKER | Zucker kann nach Belieben um 10 g reduziert oder durch Kokosblütenzucker ersetzt werden.

MEIN TIPP

Bezüglich der Früchte ist bei diesem Leckerbissen alles erlaubt. Ob Kirschen, Johannisbeeren, Erdbeeren, Birnen, Pfirsiche, Aprikosen oder auch Trockenfrüchte wie Rosinen und Cranberrys – alle eignen sich als Belag und schmecken sehr gut auf dem Kuchen.

Absurdes Telefonat

Stellen Sie sich vor: Es ist Ende Juni und wir haben seit Tagen extrem warmes Wetter. (Dies hat sich wohl auch auf unsere Kundschaft niedergeschlagen.) Ich bin am Kuchenbacken, es ist Freitag und nach dem Ruhetag heißt es, die Vitrine wieder mit allerlei Leckereien aufzufüllen. Mein Mann ist beim Einkaufen und so gehe ich ans Telefon, das klingelt: „Pyramidencafé."

Am anderen Ende eine ältere weibliche Stimme: „Ja Grüß Gott, hier spricht Frau Dings, haben Sie heute geöffnet?" Ich: „Ja, wir haben heute geöffnet, Frau Dings". Sie: „Ach so, nein wir kommen nicht, es ist uns zu heiß." Aufgelegt! Hey, wozu jetzt dieser Anruf? Also wenn heute alle anrufen, die nicht kommen, da wird's aber „lausig" werden. Was hätte die Dame wohl gesagt, wenn ich gesagt hätte: „Wir haben geschlossen!" „Oh, ist das schade und wir wollten heute kommen." Sicherung durchgebrannt – zu heiß!

Für die Mami

ERDBEERKUCHEN

FÜR DEN BODEN

150 g Butter

4 Eiweiß

150 Zucker

200 g Mehl

1 EL Vanillezucker

1 TL Backpulver

4 Eigelb

2 EL Milch

3 EL Erdbeerkonfitüre

FÜR DEN BELAG

etwa 500 g frische Erdbeeren

1 Pkg. Tortenglasur

Springform: 24/26 cm Ø oder Herzform (evtl. aus Silikon)
Backtemperatur: 170 Grad · Backzeit: etwa 45 Minuten
Kühlzeit: etwa 1 Stunde

Die Butter schmelzen. Eiweiß mit der Küchenmaschine oder den Quirlen des Handmixers leicht anschlagen, Zucker einrieseln lassen und etwa 8 Minuten weiterschlagen, bis der Eischnee steif und glänzend ist.
Mehl, Vanillezucker und Backpulver mischen und abwechselnd mit Butter, Eigelb und Milch in den Eischnee einarbeiten.
Springform mit Backpapier auslegen (ein Silikonherz braucht weder Backpapier noch muss es gefettet werden), Teig einfüllen, glatt streichen und im vorgeheizten Backofen backen.
Nach dem Backen den Boden mit einem Messer vom Springformring lösen und auskühlen lassen. Dann mit Erdbeerkonfitüre bestreichen.

Erdbeeren waschen, vorsichtig trocken tupfen, halbieren und auf dem Boden schön anordnen. Tortenglasur wie auf der Packung angegeben zubereiten und mit einem Backpinsel auf die Früchte streichen. Auskühlen lassen.

GLUTENFREI | Ersetzen Sie 200 g Mehl durch 100 g Reismehl und 100 g Kartoffelstärke und verwenden Sie Weinsteinbackpulver.

LAKTOSEFREI | Die Butter durch eine hochwertige Pflanzenmargarine oder 150 ml Pflanzenöl ersetzen.

WENIG ZUCKER | Der Zucker kann um 10 g reduziert oder durch Kokosblütenzucker ersetzt werden.

MEINE TIPPS

Nach Belieben mit Sahnetupfern, Mandelblättchen oder Pistazien garnieren.
Diesen leckeren Kuchen können Sie mit jedem beliebigen Obst belegen, lassen Sie der Fantasie freien Lauf. Vor dem Belegen mit Früchten können Sie den Kuchen seitlich mit Konfitüre bestreichen und in geriebenen Nüssen oder Pistazien wälzen. So entsteht ein dekorativer Rand.

APRIKOSENKUPPELTORTE

FÜR DEN BODEN

4 Eier

150 g Zucker

100 g Reismehl

25 g Kartoffelstärke

25 g glutenfreies Kakaopulver

1 EL Vanillezucker

1 TL Weinsteinbackpulver

FÜR DIE CREME

10 Aprikosen (reif & süß, evtl. auch tiefgefroren oder aus der Dose)

½ Zitrone, Saft

50 g Aprikosenkonfitüre

300 ml Sahne

100 g Zucker

WEITERES

3 Aprikosen zum Garnieren

Springform: 24/26 cm Ø · Backtemperatur: 180 Grad
Backzeit: etwa 30 Minuten · Kühlzeit: etwa 2 Stunden

Eier und Zucker mit der Küchenmaschine oder mit den Quirlen des Handmixers etwa 8 Minuten hellgelb und cremig aufschlagen. Reismehl, Kartoffelstärke, Kakaopulver, Vanillezucker und Weinsteinbackpulver vermischen und vorsichtig unter die Eier-Zucker-Masse heben.
Springform mit Backpapier auslegen, Teig einfüllen, glatt streichen und sofort im vorgeheizten Backofen backen.
Aus dem Ofen nehmen und den Boden mit einem Messer vom Rand der Springform lösen.
Auskühlen lassen, auf einen Tortenteller schieben und das Papier abziehen. Dabei die Seite mit dem Papier idealerweise als Unterseite verwenden. Die obere Schicht des Bodens mit einem Löffel etwa 1 cm abtragen und die Krümel beiseitestellen.

Aprikosen waschen, entsteinen und mit Zitronensaft und Konfitüre mixen. Sahne mit Zucker steif schlagen und den Aprikosenmix daruntermischen.
Die Creme auf dem Tortenboden verteilen, Krümel darüberstreuen und mit Aprikosenspalten garnieren.

LAKTOSEFREI & VEGAN | Veganer Biskuitboden Seite 12. Ersetzen Sie dabei 50 g Mehl durch 50 g Bitterkakao und verwenden Sie gut gekühlte vegane Schlagsahne.

WENIG ZUCKER | Sie können den Zucker um 10 g reduzieren oder Kokosblütenzucker verwenden.

Sommerparty

Pfirsichkuchen mit Marzipanstreuseln | S. 120

Waldfrüchte-Buttermilch-Torte | S. 118

Crema-Catalana-Torte | S. 110

Skyrtorte | S. 114

In einem Hinterhof in Barcelona

Meine Gäste fragen mich öfters, wie ich meine Rezepte kreiere, oder besser, wie ich auf die Ideen für diese Köstlichkeiten komme. Diesbezüglich muss ich meinem allerliebsten Kollegen Philipp recht geben:
Erstens bin ich mit einer Überportion an Fantasie ausgestattet und zweitens habe ich einen noch größeren Tatendrang und Ehrgeiz. Aber Philipp verrät auch den dritten Grund: „Wally, du bist eine totale Chaotin! Aber du bist sehr kreativ."
Und so entstand zum Beispiel die Crema-Catalana-Torte. Mein Mann liebt Crema Catalana (oder Crème brûlée) und bestellt den Nachtisch immer, wenn wir auswärts essen gehen. So kam mir in den Sinn, diese Köstlichkeit für meine Gäste als Torte zu backen. Es bedurfte einiger Testphasen, denn die Masse ist fast flüssig, darf nicht überlaufen, und die Sache mit dem Bunsenbrenner funktioniert nur mit etwas Geduld, die ich leider nicht habe. Beim etwa dritten Backdurchlauf und dem Flambieren, das Erika und Norbert akribisch für mich übernommen hatten, war „die Neue" perfekt.
Dann die Kostprobe: Ich schloss die Augen und prompt befand ich mich in einem Hinterhof Barcelonas. Ein etwas in die Jahre gekommener Musiker mit gelacktem Pferdeschwanz saß auf einem Stuhl und peinigte mit schmerzverzerrtem Gesicht seine Gitarre, während eine feurige Flamencotänzerin schwungvoll das Parkett betrat und rhythmisch ihre Beine in den Boden stampfte. Und jetzt war mir klar: Bingo, genauso so sollte sie schmecken, die Crema-Catalana-Torte.
So, zurück im Hier und Jetzt – ich räume mal die Küche auf und dann sehen wir, was mir demnächst wieder an Kuchenrezepten einfällt!

CREMA-CATALANA-TORTE

FÜR DEN MÜRBTEIGBODEN

100 g Mehl

25 g Bitterkakaopulver

60 g Zucker

1 EL Vanillezucker

1 TL Backpulver

1 Eigelb

60 g Butter, in Würfel geschnitten

2 EL Milch

FÜR DEN BELAG

250 ml Sahne

100 g Zucker

250 ml Milch

3 EL Kartoffelstärke

3 Eigelb

2 Eier

2 EL Vanillezucker

WEITERES

etwa 50 g Zucker zum Karamellisieren

Springform: 24/26 cm Ø oder Tarteform
Backtemperatur: 170 Grad · Backzeit: etwa 45–60 Minuten
Kühlzeit: 30 Minuten

Mehl, Bitterkakaopulver, Zucker, Vanillezucker, Backpulver, Eigelb, Butter und Milch in eine Rührschüssel geben und mit der Küchenmaschine oder den Knethaken des Handmixers zügig zu einem Teig verkneten. Die Arbeitsplatte mit Mehl bestreuen und den Teig nochmals kurz mit den Händen durcharbeiten.
Eine Springform mit einem Backpapier komplett und großzügig auskleiden.
Den Teig mit einem Nudelholz auf einer bemehlten Fläche dünn ausrollen und in die Form legen. Mit bemehlten Fingern einen etwa 4 cm hohen Rand andrücken.
Die Form etwa 30 Minuten in den Kühlschrank stellen.

Sahne mit Zucker halbsteif schlagen. Milch, Kartoffelstärke, Eigelb, Eier und Vanillezucker mit einem Schneebesen verquirlen und mit der geschlagenen Sahne mischen. Die Masse auf dem Mürbteigboden verteilen und im vorgeheizten Backofen backen.

Nach dem Backen mit etwa 50 g Zucker bestreuen und diesen mithilfe eines Bunsenbrenners oder Feuerzeuges leicht karamellisieren.

WENIG ZUCKER | Schmeckt auch mit Kokosblütenzucker lecker.

MEINE TIPPS

Verwenden Sie zum Auskleiden der Backform ein großes Stück Backpapier und feuchten Sie es vorher am besten etwas an.
Diesen Kuchen sollten die Papas mit den Kindern backen, da das Hantieren mit dem Bunsenbrenner eine Lieblingsbeschäftigung der Männer ist und für Kinder zu gefährlich.
Zum Karamellisieren kann man auch braunen Zucker verwenden.
Das restliche Eiweiß lässt sich einfrieren und später für einen anderen Kuchen oder Kekse verwerten (z. B. Schneewittchentorte S. 34).
Beim Auslegen der Form mit dem Mürbteig empfehle ich höchste Sorgfalt, da die Füllung etwas flüssig ist und auslaufen könnte , wenn sich Löcher im Boden befinden.

SKYRTORTE

FÜR DEN BISKUITBODEN

4 Eier

150 g Zucker

100 g Reismehl

50 g Kartoffelstärke

1 EL Vanillezucker

1 TL Weinsteinbackpulver

FÜR DIE CREME

3 Blatt Gelatine

½ Zitrone, Saft

100 ml Holunderblütensirup

300 ml Sahne

2 EL Zucker

2 Becher Mila SKYR Natur (à 150 g)

WEITERES

4 frische Passionsfrüchte oder Feigen zum Garnieren

Springform: 24/26 cm Ø · Backtemperatur: 180 Grad
Backzeit: etwa 30 Minuten · Kühlzeit: etwa 2 Stunden

Eier und Zucker mit der Küchenmaschine oder den Quirlen des Handmixers etwa 8 Minuten hellgelb und cremig aufschlagen. Reismehl, Kartoffelstärke, Vanillezucker und Weinsteinbackpulver vermischen und vorsichtig unter die Eier-Zucker-Masse heben.
Springform mit Backpapier auslegen, Teig einfüllen, glatt streichen und im vorgeheizten Backofen backen.
Nach dem Backen den Boden sofort mit einem Messer vom Springformring lösen und auskühlen lassen.

Gelatine in kaltem Wasser einweichen.
Zitronensaft mit der Hälfte des Holunderblütensirups erwärmen und die gut ausgedrückte Gelatine darin auflösen.
Sahne mit Zucker und dem restlichen Holunderblütensirup steif schlagen und SKYR sowie die Gelatinemischung zügig dazumischen.
Den Biskuitboden auf eine Tortenplatte schieben und dabei vorsichtig das Backpapier entfernen. Eine dünne obere Schicht des Bodens mit einem Löffel abtragen und die Brösel beiseitestellen.
Nun die Creme auf dem Boden verteilen und glatt streichen. In der Mitte die Brösel kreisrund (etwa 15 cm Ø) und am Rand die geviertelten Passionsfrüchte oder Feigen gleichmäßig verteilen. Die Torte gut kühlen.

WENIG ZUCKER | Der Zucker kann um 10 g reduziert oder durch Kokosblütenzucker ersetzt werden.

MEIN TIPP

Da frische Passionsfrüchte oder Feigen nicht immer am Markt erhältlich sind, können Sie auch beliebige andere Früchte verwenden, zum Beispiel Orangen, Zuckermelone oder Ananas.

GLUTENFREI | VARIANTEN: WENIG ZUCKER

Der Veganiker

Bei uns ist der Gast König. Auch für Sonderwünsche haben wir immer gerne ein offenes Ohr. Heuer im Sommer hatten wir einen interessanten Veganer zu Gast. Unsere Bedienung Sandra kam in die Küche und sagte, da wären zwei Gäste: Die Frau hatte schon bestellt, aber der Herr hatte sich sofort als Veganer geoutet und bräuchte von der Küche ein paar Vorschläge an Speisen, die für ihn in Frage kämen. Also gab ich Sandra einige Tipps für vegane Speisen.
Etwa zehn Minuten später kam Sandra, die von Haus aus große Kulleraugen hat, mit Augen so groß wie Golfbälle zurück: „Mir reicht es jetzt", meinte sie. „Weißt du, was der Veganer bestellt hat? Spiegeleier mit Röstkartoffeln!"
Ich fragte, ob er vielleicht glaubte, Eier würden auf Bäumen wachsen und Erika, mein Küchen-Factotum, rätselte, ob er vielleicht ein „Flexi-Veganer", ein „Vegan-Praktikant" sei oder gar an veganem ADS leide.
Kurzum: Die Eier haben geschmeckt. Als ihm Sandra zum Nachtisch die vegane grüne Linzertorte anbot, hat er sich doch für eine Sahnetorte entschieden. Kein weiterer Kommentar.

WALDFRÜCHTE-BUTTERMILCH-TORTE

FÜR DEN BISKUITBODEN

3 Eiweiß

1 EL kaltes Wasser

100 g Zucker

100 g Kürbiskerne, gemahlen

100 g weiße Schokolade, gerieben

2 EL Kartoffelstärke

1 TL Weinsteinbackpulver

3 Eigelb

FÜR DIE CREME

4 Blatt Gelatine

3 EL Zitronensaft

200 ml Sahne

100 g Zucker

250 ml Buttermilch

etwa 300 g gemischte Waldfrüchte (auch tiefgefroren)

Springform: 24/26 cm Ø · Backtemperatur: 180 Grad
Backzeit: etwa 30 Minuten · Kühlzeit: etwa 2 Stunden

Eiweiß mit dem Wasser in eine Schüssel geben und mit der Küchenmaschine oder den Quirlen des Handmixers kurz anschlagen. Zucker einrieseln lassen und etwa 8 Minuten weiterschlagen, bis der Eischnee steif und glänzend ist.
Kürbiskerne, Schokolade, Kartoffelstärke und Weinsteinbackpulver vermischen und vorsichtig mit Eigelb in die Eischneemasse einrühren.
Springform mit Backpapier auslegen, Teig einfüllen, glatt streichen und im vorgeheizten Backofen backen.
Nach dem Backen das Biskuit mit einem Messer vom Rand der Springform lösen und auskühlen lassen.

Gelatineblätter in reichlich kaltem Wasser einweichen.
Zitronensaft erwärmen und die gut ausgedrückte Gelatine darin auflösen.
Sahne mit Zucker steif schlagen, Buttermilch, Zitronensaft und Waldfrüchte dazugeben und gut vermischen.
Den Biskuitboden auf eine Tortenplatte stürzen, Backpapier abziehen und den Springformring mit Backpapier am Rand wieder um das Biskuit legen, da die Creme etwas weich ist. Creme darauf verteilen, glatt streichen und gut kühlen. Am Ende beliebig mit Beeren dekorieren.

MEIN TIPP

Anstatt der Waldfrüchte eignet sich auch hervorragend Rhabarberkompott.

PFIRSICHKUCHEN MIT MARZIPANSTREUSELN

FÜR DEN MÜRBTEIGBODEN

125 g Kamutmehl

1 TL Weinsteinbackpulver

65 g Zucker

1 EL Vanillezucker

65 g hochwertige Pflanzenmargarine, in kleine Würfel geschnitten

½ Apfel, geschält und fein geraspelt

1 EL Wasser

FÜR DEN BELAG

4 reife Pfirsiche, in etwa 1 cm dicke Spalten geschnitten

FÜR DIE MARZIPANSTREUSEL

50 g Rohmarzipan, in kleine Stücke gezupft

40 g Zucker

100 g Mehl

100 g hochwertige Pflanzenmargarine, gekühlt

1 TL Kaffee, frisch gemahlen

Springform: 24/26 cm Ø · Backtemperatur: 170 Grad
Backzeit: etwa 1 Stunde

Kamutmehl, Weinsteinbackpulver, Zucker, Vanillezucker, Pflanzenmargarine, Apfel und Wasser in eine Rührschüssel geben und mit der Küchenmaschine oder den Knethaken des Handmixers zügig zu einem Teig verkneten. Die Arbeitsplatte mit Mehl bestreuen und den Teig nochmals kurz mit den Händen durcharbeiten.
Die Springform mit Backpapier auslegen. Den Mürbteig mit dem Nudelholz dünn ausrollen, in die Springform legen und mit den bemehlten Fingern einen Rand andrücken. Die Springform in den Kühlschrank stellen.

Die Pfirsichspalten geordnet auf den Mürbteig legen.
Rohrmarzipan, Zucker, Mehl, Pflanzenmargarine und Kaffeepulver in eine Rührschüssel geben und mit der Küchenmaschine, den Knethaken des Handmixers oder auch manuell zügig zu Streuseln verarbeiten. Diese gleichmäßig auf den Pfirsichen verteilen und den Kuchen backen.
Nach dem Backen den Kuchen mit einem Messer vom Springformring lösen und abkühlen lassen.

MEIN TIPP

Sie werden sich über diese interessante Geschmacksvariante wundern – äußerst delikater Kaffeegeschmack mit Marzipan.

Birnen-Walnuss-Kuchen mit Preiselbeeren | S. 132
Kürbiskuchen | S. 128
Herbstfest

Kastanienkuchen mit Zimtsahne | S. 124

Pflaumengitterkuchen | S. 134

KASTANIENKUCHEN MIT ZIMTSAHNE

FÜR DEN TEIG

40 Kastanien

100 g Butter

4 Eiweiß

150 g Zucker

100 g Mehl

2 TL Backpulver

1 EL Vanillezucker

2 TL Zimt

50 g Naturjoghurt

4 Eigelb

FÜR DIE ZIMTSAHNE

150 ml Sahne

30 g Zucker

1 TL Zimt

WEITERES

Schokolade zum Garnieren

VARIANTE:

Für die Kakicreme

2 Blatt Gelatine

½ Zitrone, Saft

1 reife Kaki

Weiteres

50 g Schokolade

Kastenform: etwa 30–35 cm · Backtemperatur: 170 Grad
Backzeit: etwa 50–60 Minuten · Kühlzeit: 30 Minuten

Kastanien einritzen, braten, schälen und abkühlen lassen (es werden 250 g benötigt).
Butter schmelzen. Eiweiß mit der Küchenmaschine oder den Quirlen des Handmixers leicht anschlagen, Zucker einrieseln lassen und etwa 8 Minuten weiterschlagen, bis der Eischnee steif und glänzend ist.
Die Kastanien mit dem Mehl in der Küchenmaschine fein reiben. Kastanien-Mehl-Mischung, Backpulver, Vanillezucker und Zimt vermischen und abwechselnd mit Butter, Naturjoghurt und Eigelb unter den Eischnee heben.
Kastenform mit einem nassen Backpapier großzügig auslegen, Teig einfüllen, glatt streichen und im vorgeheizten Backofen backen.
Nach dem Backen mit dem Backpapier aus der Form heben und abkühlen lassen.

Sahne mit Zucker steif schlagen, Zimt dazumischen und auf dem Kuchen verteilen. Abschließend mit Schokolade garnieren.

VARIANTE
Dieser tolle Kuchen schmeckt auch hervorragend mit einer Kakicreme, die Sie wie folgt herstellen können:
Gelatine in kaltem Wasser einweichen, Zitronensaft erhitzen und die gut ausgedrückte Gelatine darin auflösen.
Kaki mit Schale vom Stiel befreien, waschen und in einem Mixbecher mit dem Zitronensaft fein pürieren.
Backpapier vom Kuchen entfernen, Kuchen auf einen Teller geben und dabei die Fläche mit der leichten Ausbuchtung oben lassen. Kakicreme einfüllen und glatt streichen.
Schokolade im warmen Wasserbad schmelzen, in einen Spritzsack mit kleiner Lochtülle füllen und kleine beliebige Verzierungen auf die Kakioberfläche zeichnen. Abkühlen lassen.

LAKTOSEFREI | Ersetzen Sie die Butter und das Joghurt durch 150 ml Pflanzenöl und verwenden Sie laktosefreie Sahne.

GLUTENFREI | Ersetzen Sie das Mehl durch 50 g Reismehl und 50 g Kartoffelstärke und verwenden Sie Weinsteinbackpulver.

WENIG ZUCKER | Der Zucker kann um 10 g reduziert oder durch Kokosblütenzucker ersetzt werden.

KÜRBISKUCHEN

FÜR DEN MÜRBTEIGBODEN

125 g Kamutmehl

60 g Zucker

1 EL Vanillezucker

1 TL Backpulver

60 g Butter, in Würfel geschnitten

1 Eigelb

1 EL Wasser

FÜR DIE FÜLLUNG

3 EL Aprikosenkonfitüre

300 g Kürbisfleisch

100 ml Wasser

100 g Zucker

250 g Sauerrahm

2 EL Sahne

2 Eier

1 EL Vanillezucker

½ Bio-Zitrone, Schale, gerieben

1 TL Zimt

2 EL Kartoffelstärke

WEITERES

2 EL Aprikosenkonfitüre

2 EL Wasser

Kürbis, gekocht, zum Garnieren

Springform: 24/26 cm Ø · Backtemperatur: 170 Grad
Backzeit: etwa 50 Minuten

Kamutmehl, Zucker, Vanillezucker, Backpulver, Butter, Eigelb und Wasser in eine Rührschüssel geben und mit der Küchenmaschine oder den Knethaken des Handmixers zügig zu einem Mürbteig verkneten. Den Teig auf eine bemehlte Fläche geben und nochmals kurz mit den Händen zu einem geschmeidigen Teigballen verarbeiten. Arbeitsplatte erneut mit Mehl bestäuben und den Teig mit dem Nudelholz dünn ausrollen.
Die Springform mit Backpapier auslegen, den Mürbteig hineinlegen und mit den bemehlten Fingern einen Rand von etwa 3 cm andrücken. Die Form bis zur weiteren Verarbeitung in den Kühlschrank stellen.

Aprikosenkonfitüre auf den Mürbteigboden streichen.
Kürbis in Würfel schneiden und mit Wasser und Zucker 10 Minuten weich kochen. Anschließend etwa 10 Minuten abkühlen lassen.
Kürbis mit Sauerrahm, Sahne, Eiern, Vanillezucker, Zitronenschale, Zimt und Kartoffelstärke in der Küchenmaschine fein pürieren und die Masse gleichmäßig auf dem Mürbteigboden verteilen. Kuchen im vorgeheizten Backofen backen.
Nach dem Backen sofort mit einem Messer vom Springformring lösen.

Aprikosenkonfitüre mit Wasser erwärmen und mit einem Backpinsel die Kuchenoberfläche damit bestreichen. Beliebig mit gekochtem Kürbis garnieren.

Ein Urgestein

Dieses Urgestein war unser lieber Nachbar.
Als wir als Kinder im Freien spielten, spazierte er täglich mit seiner blechernen Milchkanne bei uns vorbei. Er war immer sehr nett zu uns Kindern und plauderte gerne mit Vater übers Wetter. Manchmal stellte er seine Kanne hin und spielte mit uns Fangen. Er war damals um die 70 Jahre alt, aber wir hatten beim Laufen nicht die geringste Chance gegen ihn. Das Spannendste war, dass er beim Laufen manchmal seinen Hut verlor. Denn was sich darunter verbarg, war etwas skurril. Er hatte am Kopf eine aprikosengroße Beule, einen Knubbel. Wie gern hätte ich sie mal berührt, um zu sehen, wie sich sowas anfühlt. Es muss wohl etwas Gutartiges gewesen sein, denn der gute Mann wurde glatte 105 Jahre alt.
Einmal im Monat fuhr Mutter mit dem Pferdegespann in das zwei Kilometer entfernte Dorf zum Großeinkauf, sprich Nudeln, Mehl, Zucker, Kraftfutter und einiges mehr. Einmal auf dem Rückweg traf sie unseren Nachbarn und lud ihn ein, auf dem voll beladenen Pferdewagen Platz zu nehmen. Auf dem Nachhauseweg nahm Mutter die kleine Kurve vor einer Brücke etwas zu rasant und der Wagen kippte um. Unser Nachbar war darunter zwischen Nudeln und Mehl begraben. Unverletzt, nur etwas mehlig und geschockt, zog er es vor, das letzte Stück doch zu Fuß nach Hause zu gehen.
Nun ratet mal, von wem ich meinen Schwung und Elan geerbt habe.

BIRNEN-WALNUSS-KUCHEN MIT PREISELBEEREN

ZUTATEN

100 g Walnüsse, gemahlen

150 g Butter

3 Eiweiß

130 g Zucker

100 g Mehl

1 EL Vanillezucker

1 TL Zimt

1 TL Backpulver

3 Eigelb

3 reife Birnen oder etwa 400 g Birnen aus der Dose

WEITERES

4 EL Preiselbeerkonfitüre

½ Birne zum Garnieren

Springform: 24/26 cm Ø · Backtemperatur: 170 Grad
Backzeit: etwa 45–50 Minuten

Gemahlene Walnüsse in einer flachen Pfanne ohne Fett unter ständigem Rühren goldgelb rösten.
Butter schmelzen. Eiweiß mit der Küchenmaschine oder den Quirlen des Handmixers bei mittlerer Stufe schaumig schlagen. Zucker einrieseln lassen und etwa 8 Minuten weiterschlagen, bis der Eischnee steif und glänzend ist.
Nüsse, Mehl, Vanillezucker, Zimt und Backpulver mischen und abwechselnd mit Butter und Eigelb in den Eischnee einarbeiten.
Die Springform mit Backpapier auskleiden, den Teig einfüllen und glatt streichen. Birnen schälen, der Länge nach achteln, gleichmäßig auf der Masse verteilen und den Kuchen im vorgeheizten Backofen backen.
Sofort nach dem Backen den Kuchen mit einem Messer vom Springformring lösen, auskühlen lassen und auf eine Kuchenplatte schieben. Mit einer Birnenscheibe garnieren und mit einem Löffel gleichmäßig kleine Häufchen der Preiselbeerkonfitüre auf den Kuchen geben.

GLUTENFREI | Mehl durch 50 g Reismehl und 50 g Kartoffelstärke ersetzen sowie Weinsteinbackpulver verwenden.

LAKTOSEFREI | Butter durch 150 ml Pflanzenöl ersetzen.

WENIG ZUCKER | Der Zucker kann durch Kokosblütenzucker ersetzt werden.

MEINE TIPPS

Sollten die Birnen nicht so reif sein, empfehle ich Ihnen, die Birnenspalten in etwas Wasser mit dem Saft von ½ Zitrone 5 Minuten zu kochen.
Anstatt der Birnen eignen sich auch wunderbar leichtkochende säuerliche Äpfel.

PFLAUMENGITTERKUCHEN

FÜR DEN MÜRBTEIGBODEN

300 g Dinkelmehl

200 g Butter, in Würfel geschnitten

100 g Zucker

1 EL Vanillezucker

1 TL Backpulver

3 EL kaltes Wasser

FÜR DEN BELAG

150 ml Rotwein

350 ml Wasser

1 TL Zimt

2 Gewürznelken

100 g Zucker

2 EL Kartoffelstärke

etwa 25 Pflaumen, gewaschen, entsteint und halbiert

Springform: 24/26 cm Ø · Backtemperatur: 170 Grad
Backzeit: etwa 50–60 Minuten

Dinkelmehl, Butter, Zucker, Vanillezucker, Backpulver und Wasser in eine Rührschüssel geben und mit der Küchenmaschine oder den Knethaken des Handmixers zügig zu einem Teig verkneten. Die Arbeitsplatte mit Mehl bestreuen und den Teig nochmals kurz mit den Händen durcharbeiten.
Die Springform mit Backpapier auslegen, zwei Drittel des Teiges auf der bemehlten Arbeitsfläche ausrollen, in die Springform legen und mit den bemehlten Fingern einen etwa 3 cm hohen Rand andrücken. Die Springform in den Kühlschrank stellen.

Rotwein, Wasser, Zimt, Gewürznelken, Zucker und Kartoffelstärke mit dem Schneebesen verquirlen, aufkochen und einige Minuten auf kleiner Flamme unter ständigem Rühren köcheln lassen. Die Nelken entfernen und die Weinmasse beiseitestellen.
Pflaumen auf dem Mürbteig gleichmäßig verteilen und die Rotweinmasse darübergießen.
Restlichen Mürbteig auf bemehlter Arbeitsfläche dünn ausrollen und mit dem Teigrad oder einem Messer in etwa 2 cm breite Streifen schneiden. Diese gitterförmig auf der Füllung verteilen und den Kuchen im vorgeheizten Backofen backen. Nach dem Backen den Kuchen sofort mit einem Messer vom Rand der Springform lösen. Lauwarm oder gekühlt servieren.

VEGAN | Die Butter durch eine hochwertige Pflanzenmargarine ersetzen.

WENIG ZUCKER | Verwenden Sie für die Füllung anstatt des Zuckers 80 ml Ahornsirup.

Wenn's draußen stürmt und drinnen duftet

Feiner Teekuchen | S. 144

Bratapfelkuchen | S. 150

Schneeflockentorte | S. 138
Ullas Schneeballen | S. 146

SCHNEEFLOCKENTORTE

FÜR DEN MÜRBTEIGBODEN

125 g Mehl

50 g Zucker

50 g Butter, in kleine Würfel geschnitten

1 Eigelb

2 EL Wasser

FÜR DIE BRANDTEIGMASSE

125 ml Milch

125 ml Wasser

1 Prise Salz

100 g Butter

130 g Mehl

4 Eier

FÜR DIE MANDARINENCREME

3 Blatt Gelatine

5 Mandarinen, Saft

½ Zitrone, Saft

100 g Zucker

200 ml Sahne

Springform: 24/26 cm Ø · Backtemperatur: 180 Grad
Backzeit: etwa 10 Minuten für den Mürbteigboden und etwa 20 Minuten für den Brandteig

Mehl, Zucker, Butter, Eigelb und Wasser in eine Rührschüssel geben und mit der Küchenmaschine oder den Knethaken des Handmixers zügig zu einem Teig verkneten. Arbeitsplatte mit Mehl bestreuen und Teig nochmals kurz mit den Händen durcharbeiten. Auf der bemehlten Fläche mit dem Nudelholz ausrollen und in die mit Backpapier ausgekleidete Springform legen. Dabei nur den Boden, nicht den Rand bedecken. Im vorgeheizten Backofen backen. Den Mürbteigboden mit Aprikosenkonfitüre bestreichen.

Milch, Wasser, Salz und Butter in einem Topf zum Kochen bringen. Das Mehl auf einmal (im Sturz) in die kochende Flüssigkeit schütten und mit einem hölzernen Kochlöffel schnell verrühren, bis sich ein Klumpen geformt und auf dem Topfboden ein weißer Film gebildet hat. Vom Herd nehmen und etwa 15 Minuten abkühlen lassen. Diesen Vorteig in eine Rührschüssel geben. Eier nacheinander und einzeln mit der Küchenmaschine oder den Quirlen des Handmixers unter ständigem Schlagen einarbeiten und so lange weiterschlagen, bis der Brandteig glänzt.
Nun aus diesem Teig drei Böden backen. Springform mit Backpapier auslegen, ein Drittel des Teiges gleichmäßig in die Form streichen und im vorgeheizten Ofen backen. Mit dem Teig für die zwei weiteren Böden genauso verfahren. Bitte während des Backvorganges auf keinen Fall den Ofen öffnen, der Brandteig könnte zusammenfallen.

>>>

FÜR DIE SAHNECREME

200 ml Sahne

1 EL Zucker

1 EL Vanillezucker

WEITERES

etwa 2 EL Aprikosenkonfitüre oder Orangenmarmelade

Mandarinenstücke zum Garnieren

Staubzucker zum Bestreuen

Gelatine in kaltem Wasser einweichen.
Mandarinen halbieren, Saft auspressen und mit Zitronensaft und Zucker aufkochen. Durch das Kochen den Saft auf etwa die Hälfte reduzieren. Gelatine ausdrücken, dazugeben und abkühlen lassen.
Sahne steif schlagen und mit dem gelierten Mandarinensaft vermischen.
Den ersten Brandteigboden auf den mit Konfitüre bestrichenen Mürbteig legen, Mandarinencreme darauf verteilen, glatt streichen und mit dem zweiten Brandteigboden bedecken.

Sahne mit Zucker steif schlagen und Vanillezucker dazumischen. Diese Sahnecreme gleichmäßig auf dem zweiten Brandteigboden verteilen.
Den dritten Brandteigboden mit einem Messer in kleine Würfel schneiden und gleichmäßig über die Sahnecreme streuen.

Nach Belieben mit Mandarinenstücken und Staubzucker garnieren.

LAKTOSEFREI | Verwenden Sie laktosefreie Milch und Sahne und anstatt der Butter eine hochwertige Pflanzenmargarine.

WENIG ZUCKER | Der Zucker kann durch Kokosblütenzucker ersetzt werden.

MEINE TIPPS

Vorsicht! Während des Backens nicht den Backofen öffnen, denn Brandteig verzeiht keine Zugluft. Diese wunderbare Torte ist zwar etwas arbeitsaufwendig, doch Sie werden sehen: Es lohnt sich, denn sie schmeckt fantastisch.

Dorfunikum

Wie in jedem Dorf, gibt es auch in Oberwielenbach Menschen, die, wenn es sie nicht gegeben hätte, man hätte erfinden müssen. Unser Nachbar war so ein besonderer Mensch: ein Tüftler, Erfinder, Techniker, Musikant, Tierliebhaber, Sammler, Recycler und viele Jahre lang der Kapellmeister der Dorfkapelle Oberwielenbach. Die Kapelle spielte jährlich beim Kirchweihfest der Feuerwehr und allein der Aufmarsch dieser Kapelle nebst Kapellmeister mit Frack und Zylinder war sehenswert.

Da unser Nachbar ein Tüftler war, hat er in den letzten Jahren mit so mancher Erfindung im Dorf für Aufmerksamkeit gesorgt. Ein Beispiel: Aus einer alten Heuwendemaschine hatte er eine Straßenfegemaschine konstruiert, indem er an den Eisengabeln viele rote Besen befestigte und damit die Straße putzte. Es ratterte höllisch und zwischendurch flogen ihm die Besen um die Ohren. Aber der Weg ist das Ziel, und so gab er nicht direkt auf, auch wenn nicht immer alles glatt lief.
Aus einer alten Autobatterie hatte er sich ein E-Bike gebaut. Er saß auf dem Fahrrad und fuhr mit einem verkabelten Riesenrucksack auf dem Rücken durch die Gegend – und es hat auch noch funktioniert! Eigentlich war er der inoffizielle Erfinder des E-Bikes.

Eines Morgens kam unser Nachbar ziemlich früh bei uns im Lokal vorbei, um sich mit einem Getränk zu stärken. Als ich ihn sah, musste ich mich zusammenreißen, um nicht einen Lachanfall zu bekommen. Er hatte sich wohl vorher nicht im Spiegel betrachtet. In seinem vom Ruß geschwärzten Gesicht klebten viele kleine Stofffetzen und er stank nach Petroleum. Ich fragte, was passiert sei und er erklärte, dass er aus einem alten Campingkocher eine Petroleumlampe bauen wollte und das Ganze explodiert sei.

Wie langweilig und arm wäre die Welt, gäbe es nicht auch solche besonderen Menschen.

FEINER TEEKUCHEN

ZUTATEN

100 g Butter

3 Eiweiß

150 g Zucker

200 g Mehl

50 g Kokosflocken

½ Bio-Zitrone, Schale, gerieben

1 EL Vanillezucker

1 EL Backpulver

1 TL Zimt

125 g Sauerrahm

3 Eigelb

100 g Zitronat oder Orangeat

25 g Sultaninen

WEITERES

Staubzucker zum Bestreuen

Gugelhupfform aus Silikon oder Blech oder eine Kastenform (etwa 30 cm)
Backtemperatur: 170 Grad · Backzeit: etwa 50–60 Minuten

Butter schmelzen. Eiweiß mit der Küchenmaschine oder mit den Quirlen des Handmixers kurz anschlagen, Zucker einrieseln lassen und etwa 8 Minuten auf mittlerer Stufe weiterschlagen, bis der Eischnee steif und glänzend ist.
Mehl, Kokosflocken, Zitronenschale, Vanillezucker, Backpulver und Zimt vermischen und abwechselnd mit Butter, Sauerrahm und Eigelb vorsichtig unter den Eischnee heben. Zum Schluss noch Zitronat und Sultaninen einarbeiten.
Form einfetten (bei Silikonbackformen nicht nötig), Teig einfüllen, glatt streichen und im vorgeheizten Backofen backen. Nach dem Backen etwa 20 Minuten in der Form ruhen lassen und dann auf eine Kuchenplatte stürzen. Nach Belieben mit Staubzucker bestreuen.

WENIG ZUCKER | Als Zuckeralternative eignet sich Kokosblütenzucker sehr gut.

MEINE TIPPS

Sollten Sie eine Blechkastenform verwenden, befeuchten Sie ein Backpapier und legen damit die Form aus, bevor Sie den Teig einfüllen. So haben Sie beim Stürzen des Kuchens keine Probleme.
Genießen Sie diesen Kuchen mit einer schönen Tasse Tee und vergessen Sie alles Unangenehme, unter anderem auch den vorweihnachtlichen Stress.

ULLAS SCHNEEBALLEN

FÜR DEN BISKUITBODEN

2 Eier

70 g Zucker

50 g Mehl

25 g Kartoffelstärke

1 EL Vanillezucker

1 TL Backpulverr

FÜR DIE SCHNEEBALL-MASSE

100 ml Sahne

25 g Zucker

200 g Ricotta oder Speisequark

1 EL Vanillezucker

½ Bio-Zitrone, Schale, gerieben

2 EL Amarettolikör

etwa 50 g Kokosflocken

Ergibt etwa 12 Stück.
Springform: 24/26 cm Ø · Backtemperatur: 180 Grad
Backzeit: etwa 30 Minuten · Kühlzeit: etwa 4 Stunden

Eier und Zucker mit der Küchenmaschine oder den Quirlen des Handmixers etwa 8 Minuten schaumig schlagen, bis die Masse hellgelb und cremig ist. Mehl, Kartoffelstärke, Vanillezucker und Backpulver mischen und langsam unter die Eier-Zucker-Masse heben. Springform mit Backpapier auslegen, Teig einfüllen, glatt streichen und im vorgeheizten Backofen backen. Nach dem Backen den Biskuitboden mit einem Messer vom Springformring lösen, auf einen Teller stürzen und auskühlen lassen.

Biskuit in kleine Würfel von etwa 1 cm schneiden und in eine Schüssel geben.
Sahne mit Zucker steif schlagen. Ricotta, Vanillezucker, Zitronenschale und Amarettolikör gut mit der Sahne verrühren und mit den Biskuitwürfeln vermengen.
Mit feuchten Händen Bällchen von etwa 4 cm Ø formen und diese in Kokosflocken wälzen. Die Schneeballen gut kühlen.

VEGAN | Veganer Biskuitboden Seite 12. Verwenden Sie gut gekühlte vegane Schlagsahne oder, passend zum Geschmack, auch Kokosmilch mit hohem Fettanteil sowie veganen Quark.

WENIG ZUCKER | Den Zucker können Sie um etwa 10 g reduzieren oder durch Kokosblütenzucker ersetzen.

MEINE TIPPS

Formen Sie Minibällchen und stecken diese auf Holzspieße. Die so entstehenden Cake-Pops sind eine Art Lolli (in Südtirol „Lutscher" genannt) aus Kuchenteig. Da sie vor allem Kindern gut schmecken, sollten Sie den Amarettolikör durch etwa 5 zerriebene Amarettokekse ersetzen.

BRATAPFELKUCHEN

FÜR DIE BRATAPFELMASSE

50 g Butter

50 g Honig

100 g Haselnüsse, gerieben

4 mittelgroße leichtkochende, säuerliche Äpfel

1 TL Zimt

etwa 50 g Rosinen, über Nacht in Rum eingeweicht

FÜR DEN RÜHRTEIG

125 g Butter

3 Eiweiß

125 g Zucker

100 g Mehl

100 g Kartoffelstärke

1 TL Backpulver

½ Bio-Zitrone, Schale, gerieben

1 EL Vanillezucker

3 Eigelb

Springform: 24/26 cm Ø · Backtemperatur: 170 Grad
Backzeit: etwa 50–60 Minuten

Backform sorgfältig mit Backpapier auskleiden. Nehmen Sie hierzu ein großes Stück befeuchtetes Backpapier und kleiden Sie damit die ganze Form aus. Dabei ist es ratsam, auch die Ränder großzügig zu bedecken, damit beim Backen keine Butter in den Backofen tropft.
Butter in einem flachen Topf schmelzen, Honig und geriebene Haselnüsse dazumischen und kurz unter Rühren erwärmen. Topf vom Herd nehmen und die Masse gleichmäßig auf das Backpapier streichen.
Äpfel schälen, das Gehäuse mit einem Apfelausstecher entfernen und das Fruchtfleisch in etwa 2 cm breite Scheiben schneiden. Die Apfelscheiben auf die Nuss-Honig-Masse eng aneinanderreihen und mit Zimt bestreuen. In die Löcher die Rumrosinen stecken.

Butter schmelzen. Eiweiß mit der Küchenmaschine oder den Quirlen des Handmixers leicht anschlagen, Zucker einrieseln lassen und etwa 8 Minuten auf mittlerer Stufe weiterschlagen, bis der Eischnee steif und glänzend ist. Mehl, Kartoffelstärke, Backpulver, Zitronenschale und Vanillezucker mischen und abwechselnd mit Butter und Eigelb unter den Eischnee heben.
Den Rührteig auf den Äpfeln verteilen, glatt streichen und im vorgeheizten Backofen backen.
Nach dem Backen den Kuchen auf eine Kuchenplatte stürzen.

GLUTENFREI | Ersetzen Sie das Mehl durch Reismehl und verwenden Sie Weinsteinbackpulver.

LAKTOSEFREI | Ersetzen Sie die Butter durch eine hochwertige Pflanzenmargarine oder durch Pflanzenöl.

MEINE TIPPS

Der Kuchen schmeckt besonders lauwarm sehr gut, eventuell mit 1 Kugel Vanille- oder Zimteis.
Sollten Sie keine leichtkochenden Äpfel haben, so empfehle ich Ihnen, die Apfelscheiben kurz in Zitronenwasser vorzukochen.
Anstatt sie in Rum einzulegen, können Sie die Rosinen auch kurz in Apfelsaft aufkochen.
Streichen Sie anstelle der Rosinen etwas Preiselbeerkonfitüre in die Apfellöcher oder verwenden Sie ganze Mandeln.
Auch die Nussmasse kann mit verschiedenen Nüssen oder Mandeln zubereitet werden – dieser Kuchen lässt also viel Spielraum für Fantasie.

Hilfe, es weihnachtet!

Reismürbchen | S. 158

Rote-Bete-Schoko-Herzen | S. 162

Rosmarintaler | S. 168

Dattelröllchen | S. 166

Grüne Sterne mit Zitronenmarmelade | S. 156

Aus der Keksdose geplaudert

Seien Sie vor Weihnachten nicht zu geizig mit Ihren Keksen, denn nach Weihnachten hat niemand mehr Lust auf Ihre Köstlichkeiten. So passiert es mir jedes Jahr: Vor Weihnachten ist es um jedes Vanillegipferl, das mein Mann frisch vom Blech klaut, „schade" und am 6. Januar habe ich wieder zu viele Kekse, die sich im Keller langweilen. Heuer fand ich noch eine Dose mit Kokosbusserln vom Vorjahr im Lager. Und wieder ist es mir gelungen, jede Menge Kekse über die Feiertage zu „retten".

Übrigens können Sie mit Lebkuchenkeksen eine köstliche Torte backen. Nehmen Sie das Rezept meiner Amarettotorte (aus *Wallys Kuchenzauber*) und verwenden Sie anstatt der Amarettokekse 100 g zerbröselte Lebkuchenkekse.

GRÜNE STERNE MIT ZITRONENMARMELADE

ZUTATEN

125 g grüne Kürbiskerne, fein gemahlen

200 g Mehl

100 g Staubzucker

1 EL Vanillezucker

½ Bio-Zitrone, Schale, gerieben

1 Ei

125 g Butter

WEITERES

Zitronenmarmelade

Ergibt etwa 33 Stück.
Backblech · Backtemperatur: 170 Grad
Backzeit: etwa 10–15 Minuten

Kürbiskerne, Mehl, Staubzucker, Vanillezucker, Zitronenschale, Ei und Butter in eine Rührschüssel geben und mit der Küchenmaschine oder den Knethaken des Handmixers zügig zu einem Mürbteig verkneten. Anschließend auf einer bemehlten Arbeitsfläche noch kurz mit den Händen weiterkneten, einen Ballen formen und kurz ruhen lassen.
Teig auf bemehlter Fläche dünn (etwa 3 mm) ausrollen und mit 2 verschieden großen Sternenausstechern jeweils 2 Sterne für einen Keks ausstechen.
Die Kekse vorsichtig auf das mit Backpapier belegte Blech legen und im vorgeheizten Backofen backen.
Nach dem Backen die Sterne auskühlen lassen, jeweils einen kleinen Stern auf der Rückseite mit Zitronenmarmelade bestreichen und auf einen größeren Stern setzen.

LAKTOSEFREI | Ersetzen Sie die Butter durch eine hochwertige Pflanzenmargarine.

REISMÜRBCHEN

ZUTATEN

100 g Reismehl

200 g Mehl (nach Belieben Kamutmehl)

100 g Staubzucker

1 EL Vanillezucker

½ Bio-Zitrone, Schale, gerieben

200 g Butter, in Würfel geschnitten

2 Eigelb

2 EL Milch

Ergibt etwa 40 Stück bei 6,5 cm Ø.
Backblech · Backtemperatur: 180 Grad
Backzeit: etwa 15 Minuten

Reismehl, Mehl, Staubzucker, Vanillezucker, Zitronenschale, Butter, Eigelb und Milch in eine Rührschüssel geben und mit der Küchenmaschine oder den Knethaken des Handmixers zügig zu einem Mürbteig verkneten. Anschließend auf einer bemehlten Arbeitsfläche noch kurz mit den Händen weiterkneten, eine Kugel formen und etwa 1 Stunde ruhen lassen.
Teig in 3 Teile teilen und jeweils ein Teigstück auf bemehlter Fläche etwa 8 mm dick ausrollen.
Eine Klarsichtfolie auf den Teig legen und mit dem Keksstempel Muster aufdrücken. Anschließend die Kekse mit einem passenden runden Keksausstecher ausstechen und auf das mit Backpapier ausgelegte Backblech legen.
Das Blech etwa 10 Minuten in die Kühlung oder idealerweise in die freie Winternatur stellen und dann im vorgeheizten Backofen backen. Den restlichen Teig auf dieselbe Weise verarbeiten. Kekse auf dem Blech auskühlen lassen, denn warm sind die Mürbchen ziemlich brüchig.

GLUTENFREI | Ersetzen Sie das Mehl durch Kartoffelstärke.

LAKTOSEFREI | Für laktosefreie Mürbchen verwenden Sie eine hochwertige Pflanzenmargarine anstatt der Butter und ersetzen die Milch durch Wasser.

WENIG ZUCKER | Fein gemahlener Kokosblütenzucker ist eine gute Alternative zum Haushaltszucker.

MEIN TIPP

Sollten Sie keinen Keksstempel haben, rollen Sie den Teig etwa 5 mm dick aus und verwenden Sie verschiedene Formen zum Ausstechen der Kekse. Eine andere Möglichkeit ist, Rollen zu formen, diese gut zu kühlen und mit einem Messer gleichmäßige Scheiben von etwa 0,5 cm Dicke zu schneiden.

In der Weihnachtsbäckerei

Gerne erinnere ich mich beim Spitzbubenbacken an meine liebe Oma. Sie hatte einmal die geniale Idee, die Spitzbuben desserttellergroß zu backen. Ihre Begründung war, dass jeder so gerne Spitzbuben essen würde und so nicht so oft zulangen müsste. Außerdem hätte sie dann auch wesentlich weniger Arbeit. So weit, so gut.
Aber da die Riesenkekse in keine Dose passten, lagerte Omi sie im Heizungskeller. Als sie uns die Kekse zum Probieren gab, sahen sie nicht nur wie Autoräder aus, sie schmeckten auch danach, nämlich nach Heizöl. Im nächsten Jahr gab es wieder die Normalversion.

ROTE-BETE-SCHOKO-HERZEN

FÜR DEN TEIG

100 g Rote Bete

½ Apfel, geschält und fein geraspelt

250 g Mehl

50 g Walnüsse, fein gerieben

50 g Schokolade, fein gerieben

50 g Kakaopulver

100 g Zucker

1 EL Vanillezucker

1 TL Weinsteinbackpulver

100 g Margarine, in kleine Würfel geschnitten

FÜR DIE GLASUR

etwa 60 g Staubzucker

etwa 1 EL Rote-Bete-Saft

Ergibt etwa 50–60 Stück.
Backblech
Backtemperatur: 180 Grad · Backzeit: etwa 15 Minuten

Rote Bete klein schneiden, in wenig Wasser weich kochen, abseihen und den Saft auffangen. Auskühlen lassen. Rote Bete und Apfel mit dem Stabmixer fein pürieren.
Dieses Rote-Bete-Apfel-Mus mit Mehl, Walnüssen, Schokolade, Kakaopulver, Zucker, Vanillezucker, Weinsteinbackpulver und Margarine in der Küchenmaschine oder mit den Knethaken des Handmixers zügig zu einem Mürbteig verarbeiten, auf bemehlter Fläche mit den Händen kurz fertig verkneten und etwa 15 Minuten ruhen lassen.
Ein Backblech mit Backpapier auslegen. Teig dritteln und jedes Teil auf gut bemehlter Fläche etwa 8 mm dick ausrollen. Herzen ausstechen und auf das Backblech legen. Im vorgeheizten Backofen backen, mit einem Spachtel vorsichtig vom Blech nehmen und auskühlen lassen.

Staubzucker und Rote-Bete-Saft verrühren, die Glasur sollte cremig und nicht zu weich sein, ansonsten noch etwas Staubzucker hinzugeben. Falls sie zu trocken oder hart wirkt, noch einige Tropfen Saft hinzufügen.
Diese Glasur in einen Gefrierbeutel füllen, ganz nach vorne in eine Ecke der Tüte streifen und mit einer dicken Nadel ein Loch in den Beutel stechen. Nun mit dieser Spritztüte kleine Motive nach Wunsch auf die Herzen zeichnen.

Sie werden über die Kombination von Roter Bete und Schokolade staunen – lecker!

DATTELRÖLLCHEN

FÜR DEN MÜRBTEIG

100 g getrocknete, entsteinte, ungeschwefelte Datteln

300 g Mehl

1 EL Vanillezucker

50 g Zitronat

2 Msp. Lebkuchengewürz

50 g flüssigen Honig

150 g Butter

1 Ei

FÜR DIE FÜLLUNG

etwa 12 getrocknete, entsteinte, ungeschwefelte Datteln

WEITERES

100 g Schokolade

Zuckerdekor oder Goldstaub zum Bestreuen

Ergibt etwa 60 Stück.
Backblech
Backtemperatur: 170 Grad · Backzeit: etwa 15–20 Minuten

Datteln, Mehl, Vanillezucker, Zitronat und Lebkuchengewürz zusammen in einer Küchenmaschine fein reiben. Honig, Butter und Ei dazugeben und zu einem glatten Mürbteig kneten.
Den Teig auf bemehlter Fläche etwa 6 mm dick ausrollen und in Rechtecke von etwa 6 x 5 cm schneiden. Restliche Datteln der Länge nach in 5 Teile schneiden. In jedes Rechteck ein Stück Dattel legen und zu einem Röllchen formen.
Die Röllchen auf das mit Backpapier belegte Backblech legen und backen. Nach dem Backen auskühlen lassen.

Schokolade im warmen Wasserbad schmelzen.
Dattelröllchen mit beiden Enden in die flüssige Schokolade tauchen und mit Zuckerdekor bestreuen. Alternativ erkalten lassen und die Glasur leicht mit Goldstaub bestreichen.

ROSMARINTALER

ZUTATEN

125 g Butter

3 Zweige frischer Rosmarin

1 Bio-Limette, Schale, gerieben

200 g Mehl

60 g Kartoffelstärke

1 TL Backpulver

50 g Zucker

1 EL Vanillezucker

50 g Honig

1 Ei

1 TL Zimt

Ergibt etwa 55 Stück.
Backblech
Backtemperatur: 170 Grad · Backzeit: etwa 15–20 Minuten

Butter in einem kleinen Topf schmelzen. Rosmarinnadeln sehr fein hacken und mit der Limettenschale in die flüssige Butter geben. Kurz umrühren und die Butter einige Stunden abkühlen lassen.
Erkaltete Rosmarinbutter, Mehl, Kartoffelstärke, Backpulver, Zucker, Vanillezucker, Honig, Ei und Zimt in eine Rührschüssel geben und mit der Küchenmaschine oder den Knethaken des Handmixers zügig zu einem Teig verkneten. Die Arbeitsplatte mit Mehl bestreuen und den Teig nochmals kurz mit den Händen durcharbeiten.
Den Teig in 3 gleich große Teile teilen. Jedes Stück zu einer Rolle von etwa 20 cm Länge und 3 cm Ø formen. Die Rollen mit Folie bedecken und für einige Stunden kühlen.
Backblech mit Backpapier belegen. Rollen einzeln aus dem Kühlschrank nehmen, mit einem Messer 1,5 cm breite Scheiben abschneiden, auf das Blech legen und backen.
Nach dem Backen die Taler auf dem Blech auskühlen lassen und in Keksdosen mit Deckel aufbewahren.

VEGAN | Ersetzen Sie die Butter durch eine hochwertige Pflanzenmargarine, den Honig durch Ahornsirup und das Ei durch ½ fein geriebenen Apfel.

MEIN TIPP

Ein Zweig Rosmarin in der Keksdose verfeinert den Geschmack dieser leckeren Kekse.

GLOSSAR

Agar-Agar: Veganes Geliermittel aus Rotalgen, das keine Kalorien hat und vom Körper gänzlich abgebaut wird. Für 500 ml Flüssigkeit benötigt man 2–3 g Agar-Agar, das in einer kochenden Flüssigkeit aufgelöst werden muss. Es eignet sich nicht zum Abglänzen der Früchte, da es etwas trüb ist.

Äpfel: Zum Backen eignen sich vorwiegend leichtkochende, säuerliche Äpfel. Sollten Sie diese Sorten nicht erhalten, so kochen Sie die Äpfel kurz in Zitronenwasser, damit sie beim Backen nicht hart bleiben.

Backpulver: Ich verwende meistens Weinsteinbackpulver, ein biologisches Triebmittel.
Sie können auch handelsübliches Backpulver verwenden, überschreiten Sie jedoch nicht die angegebene Menge.

Birkenzucker: Sogenanntes Xylith ist ein Zuckerersatz, siehe Seite 11.

Buchweizenmehl: Buchweizen ist eigentlich kein Getreide, sondern ein Knöterichgewächs. Gemischt mit Mais- oder Kartoffelstärke ist Buchweizenmehl bestens geeignet zum glutenfreien Backen. Achten Sie jedoch auf das Zeichen für „glutenfrei" auf der Packung, dies garantiert, dass das Buchweizenmehl nicht in Mühlen mit anderen Mehlen kontaminiert wurde.

Butter: Ist zum Backen das gesündeste und wohlschmeckendste Fett. Die Butter hat gleich viel Kalorien wie Pflanzenmargarine. Beim Keksebacken verwende ich gerne geklärte Butter, damit sind die Kekse länger haltbar. Man erwärmt die Butter, die Molke trennt sich vom Fett, das dann wiederum erkaltet gut einsetzbar ist.

Cranberrys: Die Moosbeeren oder Kranbeeren ähneln geschmacklich unserer Preiselbeere, sind aber etwas größer und werden im Handel vorwiegend getrocknet angeboten. Sie sind reich an Vitaminen und sehr gesund. Cranberrys können genauso verwendet werden wie Sultaninen oder Rosinen.

Eier: Wir finden im Handel Eier in verschiedenen Größen:
XL = sehr große Eier (über 70 g)
L = große Eier (63–70 g)
M = mittelgroße Eier (53–63 g)
S= kleine Eier (unter 53 g).
Ich verwende die Eier der Größe M. Kaufen Sie Eier von artgerecht gehaltenen Hühnern, Ihrer Gesundheit, den Tieren und der Umwelt zuliebe.

Gelatine: Bei den Cremen verwende ich Gelatineblätter mit einem Gewicht von 2,2 g pro Blatt. Sollten Sie größere Blätter verwenden, so reduzieren Sie die Menge entsprechend.

Glutenfreies Backen: siehe Seite 11.

Kürbiskerne: Sind wohlschmeckend und gesund und sollten sofort nach dem Reiben verwendet werden.

Laktosefreies Backen: siehe Seite 11.

Mohn: Die ölhaltigen Samen werden schnell ranzig, deshalb achten Sie auf Frische.

Quark: Der aus Milch und Lab hergestellte Frischkäse ist in verschiedenen Fettstufen (10 %, 20 % oder 40 %) erhältlich. Da ich die Quarkcreme mit Sahne mache, verwende ich niedrige Fettstufen.

Quark ist cremiger, weicher und säuerlicher als der in Südtirol und Österreich bekannte Topfen.

Ricotta: Wird aus Molke hergestellt und ist deshalb sehr fettarm und nährstoffreich.

Sauerrahm (Schmand): Ist mit Milchsäurebakterien versetzte Sahne und hat einen cremigen und leicht säuerlichen Geschmack. Verwenden Sie Sauerrahm mit einem hohen Fettanteil.

Schokolade: Für Kuchen und Torten eignet sich am besten Bitterschokolade. Je höher der Kakaoanteil, desto intensiver der Geschmack. Die hohe Qualität hat allerdings ihren Preis. Meine Kuchen gelingen auch gut mit Schokolade, deren Kakaogehalt bei 40 % liegt.

SKYR: Ist ein traditioneller isländischer Frischkäse und fettarm. Man findet ihn im Supermarkt ohne Zuckerzusatz sowie mit Früchten gesüßt.

Vanillezucker: Industriell hergestelltes Vanillearoma ist praktisch, enthält jedoch keine echte Vanille. Sie können sich den echten Vanillezucker leicht selbst machen. Dazu Vanilleschote mit einem scharfen Messer längs aufschlitzen, Mark herauskratzen und in eine Dose oder ein Glas mit Zucker geben. Die leere Schote hineinstecken, das Gefäß verschließen und den Vanillezucker bei Bedarf verwenden. Die echte Vanille immer mit dem Mehl vermischen und in die Ei-Zucker-Masse rühren. Vanille ist sehr ölhaltig und könnte das Aufschlagen von Eiern oder Sahne verhindern.

Veganes Backen: siehe Seite 12.

Zuckerersatz: siehe Seite 11.

Gutes Gelingen und viel Spaß!

WEITERE BACKBÜCHER DER AUTORIN

5. Auflage

Back dich glücklich
mit Bildern von Sara Italiano
2016 Athesia Verlag

2. Auflage

Wallys Kuchenzauber
mit Bildern von Klaus Peterlin
2018 Athesia Verlag